Les inachevés de la législature

AHMAT SALEH BODOUMI

yagabi

AHMAT SALEH BODOUMI

© Yagabi 2014

editionsyagabi@gmail.com

ISBN: 1499154585
ISBN-13: 978-1499154580

AHMAT SALEH BODOUMI

DEDICACE

A ceux qui ont fait et qui font des efforts pour une nation des citoyens égaux, ceux qui se sont soucié et se soucient encore du destin d'une communauté, d'un pays ou d'un peuple.

TABLE DES MATIERES

Introduction

Vers les années cinquante, des partis politiques s'étaient créés dans la colonie française du Tchad. Ils ont animé la vie publique dans les limites autorisées par le pouvoir colonial. Une assemblée multipartite a proclamé la République du Tchad. Elle a élu le pouvoir exécutif pour obtenir l'indépendance du pays. C'était la période de la vie parlementaire intense où des débats contradictoires étaient vivement soutenus entre les produits du système colonial. Cette Assemblée avait adopté les lois fondatrices de la République du Tchad même si leur application n'a pas été effective à cause de la résistance de l'ordre établi. Cette Assemblée plurielle était dissoute en 1961. Depuis lors, la tribune politique était rendue muette. L'instauration du parti unique, le PPT-RDA par le premier Président de la République du Tchad, Monsieur François Tombalbaye en 1961 a mis fin à l'expression plurielle de l'opinion politique au Tchad.

Depuis lors, le pays a connu la guerre, la rébellion, la dictature et le coup d'Etat ; des contraintes qui ont empêché l'avènement d'une ère qui puisse permettre l'instauration des débats multipartites dans un environnement sans violence.

En 1993, la Conférence Nationale Souveraine a été tenue à N'Djamena, capitale de la République du Tchad. Elle a conçu un nouvel Etat tchadien. Les conditions créées ont permis l'élection de l'Assemblée Nationale plurielle où ont siégé 11 partis politiques, la première Assemblée Nationale multipartite depuis 1961. Elle a été installée le 4 avril 1997. Elle a commencé l'adoption des lois qui doivent donner la forme du nouvel Etat.

Les pages qui suivent présentent quelques sujets qui n'ont pas été exécutés conformément aux prévisions de la Conférence Nationale Souveraine ou qui ont attiré l'attention de l'opinion nationale sans connaître un aboutissement. Ils ne sont pas exhaustifs loin s'en faut. Ils ne résument pas non plus l'actif de l'Assemblée Nationale qui a remarquablement contribué à la quiétude et l'épanouissement sociaux, à l'exploitation des ressources nationales et à l'amorce du développement du pays.

Le territoire, la chefferie et

le citoyen

La conférence Nationale Souveraine (C.N.S), tenue à N'Djamena du 15 janvier au 7 avril 1993, a défini le citoyen tchadien dans ses droits, ses devoirs et ses libertés.

Pour l'épanouissement du citoyen, sa vie sera organisée en collectivités territoriales décentralisées gérées par des élus locaux. Elle s'était également penchée sur le territoire qui sera subdivisé entre des collectivités locales décentralisées.

En plus des fonctions régaliennes touchant la sécurité et la diplomatie, le rôle de supervision et de contrôle du respect des lois de la République était assigné à l'Administration Centrale.

Cependant, il existait une structure de l'Etat tchadien avec une administration centralisée, un territoire découpé en unités administratives à savoir, préfectures, sous-préfectures, postes administratifs et ressorts territoriaux des cantons ; la population était gérée dans ses microstructures par des chefs de ferik, de tribu ou de cantons, sultans, bangs, derdé… qui jouaient le rôle d'auxiliaires de l'Administration Centrale. Toute cette ancienne structure administrative était un calque de l'Administration coloniale française dans laquelle les chefferies étaient des auxiliaires gérés par la plus basse échelle de l'Administration Centrale.

A la fin de la Conférence Nationale Souveraine, un cahier de charges a été adopté ; il a été mis en place un Conseil Supérieur de Transition (CST) qui a tenu lieu de parlement provisoire. Un gouvernement a géré cette transition. Le Chef de l'Etat était le garant de la souveraineté nationale.

La Conférence Nationale Souveraine n'a rien prévu sur les chefferies dites traditionnelles quand elle annonçait des changements profonds et sur l'Administration qui les géraient jusque-là, et sur les unités administratives dans lesquelles les cantons avaient évolué en conservant des ressorts territoriaux.

Les Gouvernements et le Conseil Supérieur de la période de la transition (1993-1996) ont produit un projet de constitution qui prenait en compte les orientations du cahier de charges de la Conférence Nationale.

Pendant l'adoption du projet de constitution, le Conseil Supérieur de la Transition et le Gouvernement étaient confrontés à l'existence des chefferies qui se plaignaient d'avoir été ignorées par la Conférence Nationale Souveraine. Ainsi, dans l'échafaudage de l'Etat issu de la Conférence Nationale, il était question de trouver une place et un rôle à ces Chefs.

Le projet de constitution présenté par les organes de la transition reconnaissait l'existence des chefs à qui était assigné le rôle de collaborateurs de l'Administration. Il était autorisé l'exercice des us et coutumes dans des limites : les us et coutumes ne devaient pas prôner l'inégalité entre les citoyens, troubler l'ordre public…

La subdivision du territoire en collectivités territoriales décentralisées était maintenue comme prévue dans le cahier des charges de la Conférence Nationale Souveraine ; donc, il ne devait pas y avoir, après l'adoption de ce projet, de subdivisions du territoire en unités administratives ou en ressort territorial de canton.

Le projet distinguait le domaine de la loi de celui qui devait être géré par des actes règlementaires du gouvernement (décrets, arrêtés…)

Ce projet a été adopté par référendum le 31 Mars 1996 ; C'était la Constitution issue du consensus trouvé à la Conférence Nationale Souveraine ; une Conférence qui a marqué la vie politique au Tchad, par le consensus trouvé sur les libertés, la gouvernance, la forme de l'Etat, le Territoire, les droits, les devoirs et sur la vie du citoyen tchadien dans une société adaptée à nos diversités ethniques, régionales, linguistiques, religieuses etc.

L'élection du Président de la République en juillet 1996 et celle des députés en mars 1997 ont mis fin à la période de transition.

Les élus s'étaient attelés à la mise en place des institutions prévues par l'adoption des lois qui allaient donner la forme du nouvel Etat tchadien. Ainsi, des lois sur les libertés, la mise en place des Institutions, la création des Collectivités Territoriales Décentralisées… étaient votées.

Mais, l'Organisation Administrative du territoire et les statuts et attributions des chefferies n'étaient pas cités comme faisant partie du domaine de la loi. Or, l'objet non cité dans le domaine de la loi est laissé au domaine règlementaire.

Ainsi, les projets de loi relatifs à ces derniers objets furent rejetés par l'Assemblée Nationale.

L'Organisation Administrative du Territoire concerne la création des démembrements de l'Administration centrale : des gouvernorats, des préfectures ou départements, des sous-préfectures. Ces entités administratives doivent être placées à coté des Collectivités Territoriales Décentralisées gérées par des élus locaux. Par ailleurs, les rapports entre les élus locaux et les administrateurs, représentants déconcentrés du Gouvernement doivent être définis.

Pour la mise en place des Collectivités Territoriales Décentralisées, l'Assemblée Nationale était confrontée à un tollé des chefferies dites traditionnelles ; ces dernières avaient peur de perdre toutes leurs prérogatives si l'Assemblée Nationale créait des Communautés rurales gérées par des élus locaux, prévues par la Constitution de la République.

Les ruraux (les agriculteurs, les éleveurs, les pêcheurs…) allaient-ils avoir un droit de regard sur la gestion de leurs terroirs ? Ou fallait-il réserver cette catégorie de Tchadiens sous la coupe des chefferies féodales pour que celles-ci gèrent de manière exclusive leur terroir et répondent devant l'Administration en seul interlocuteur comme au vieux temps de la colonisation ? L'Assemblée Nationale était amenée à choisir : fallait-il ancrer la démocratie dès la base ? Fallait-il la laisser comme affaire exclusive des lettrés ?

Les chefferies n'avaient pas encore un statut légal. Leur cas faisait partie des projets de loi déposés à l'Assemblée Nationale, mais rejetés à cause de leur appartenance au domaine règlementaire. Elles mirent la pression sur les politiques.

L'Assemblée Nationale n'était pas une institution apolitique. Mais les députés, au-delà de leurs sensibilités politiques, étaient encore dans l'élan de la Conférence Nationale. Malgré les pressions politiques, ils voulaient faire appliquer la Constitution issue de ce consensus ; ils pensaient comme les participants de la conférence Nationale, donner la liberté aux Tchadiens, les amener à s'intéresser à la chose publique et surtout, faire d'eux des citoyens.

C'était également la période où chaque homme politique, chaque parti politique, tout ce monde essayait d'être en conformité avec l'échafaudage de l'Etat de liberté assorti de la Conférence Nationale Souveraine. Chacun évitait d'afficher soigneusement toutes velléités de nature à compromettre l'esprit de consensus trouvé à la Conférence Nationale Souveraine.

L'Assemblée Nationale a passé outre les réclamations

jugées rétrogrades des chefs et a adopté tous les projets de loi relatifs à la décentralisation du pays (le monde rural compris).

L'application des lois adoptées est une seconde étape. Elle demande une volonté politique qui compte, contrairement à l'administration héritée de la colonisation, faire des ruraux des citoyens tchadiens à part entière. L'ancrage de la démocratie dès le milieu rural, est un objectif à atteindre. Il ne s'obtient que sur la cendre des pouvoirs intermédiaires qui étaient la force de la colonisation. Ces pouvoirs ont joué le rôle de troisième homme pour éloigner le colonisé de tout ce qui touche le pouvoir.

Sommes-nous une société assez juste ? Une société capable de donner la parole au Tchadien rural et lui permettre de dire son mot sur la gestion de la chose publique ? Sommes-nous une société capable de créer une vie publique où les dirigeants tiennent compte de l'opinion locale ?

Pour l'organisation administrative du territoire par des actes règlementaires, le Gouvernement de la République avait un problème : les décrets et les arrêtés qu'il allait prendre devaient abroger des dispositions en vigueur au Tchad. Or, les textes qui géraient l'Administration étaient des ordonnances ; donc, des lois. Elles ne pouvaient pas être abrogées par des actes réglementaires. Il y avait un vice de forme.

L'Exécutif, devant l'intransigeante Assemblée Nationale, opta de surseoir l'abrogation des ordonnances en attendant une révision constitutionnelle. L'application des lois votées pour les collectivités territoriales décentralisées allaient attendre aussi.

2006 était l'année où le Président de la République devait épuiser ses deux mandats possibles, au regard de la Constitution en vigueur.

Ce n'était pas l'avis du Mouvement Patriotique du Salut, parti au pouvoir ; ce n'était pas, non plus, l'avis de son président fondateur, le Président de la République. Il fallait alors réviser la Constitution pour rendre les mandats illimités.

C'était le moment opportun offert aux hommes politiques d'inclure, dans le champ de la révision, tout ce qui était nécessaire au changement de la forme de l'Etat assorti du consensus de la Conférence Nationale Souveraine. Ils savaient que le Président de la République devait être flexible pour obtenir ce qu'il demandait.

Ainsi, dans le projet de loi soumis au référendum, le premier point du domaine de la loi était l'Organisation Administrative du Territoire et les statuts et attributions des chefferies traditionnelles.

La révision constitutionnelle a été adoptée le 15 juillet 2005. Les gouvernements issus de la Constitution révisée avaient présenté à l'Assemblée Nationale le projet de loi portant Organisation Administrative du Territoire et le projet portant Statuts et Attributions des chefferies traditionnelles.

L'Assemblée Nationale était alors confrontée à la question de l'incohérence, à la difficulté d'ancrer la nouvelle donne dans la configuration de l'Etat conçu à la Conférence Nationale Souveraine.

Pour adopter ces projets de loi, l'Assemblée Nationale devait avoir la réponse à deux questions fondamentales :

1- Les chefferies font-elles parties des organes des Collectivités Territoriales décentralisées ou sont-elles des démembrements déconcentrés de l'Administration centrale ?

2- Pouvait-on encore parler du ressort territorial du canton dès lors que le territoire national est subdivisé en Collectivités Territoriales décentralisées et que le découpage du territoire en Unités Administratives a été substitué ?

En plus de ces questions fondamentales, il y avait des questions subsidiaires qui touchaient l'égalité des citoyens, qui surchargeaient injustement le Budget National ou qui freinaient l'application de la loi :

- La problématique de succession des chefs traditionnels (si les chefferies sont traditionnelles, les règles de leur succession aussi ; la loi ne doit pas s'immiscer dans l'application des règles traditionnelles). Or, le projet prévoyait la succession d'un chef dans la lignée de la famille régnante ;

- Le salaire des chefs traditionnels et de leurs auxiliaires (la chefferie est l'émanation d'une

communauté. elle ne doit pas être sur le budget national) ;
- Le délit d'offense aux chefs traditionnels;
- …

C'étaient des questions fondamentales qui conditionnent la vie en société au Tchad. Mais, aucun parti politique n'avait présenté un programme précis prenant en compte ces questions.

Les députés avaient la latitude de proposer des amendements sans dévier officiellement d'une ligne quelconque de leur parti politique. C'était cette faculté que j'ai usée pour introduire et maintenir quelques amendements. Ceux qui touchaient le statut des chefs sont ainsi libellés :

Le Tchad profond est géré, à côté des règles légales obligatoires, par des règles traditionnelles et coutumières. Les règles traditionnelles et coutumières présentent des caractères divers dans leur application y compris la désignation des gardiens qui les incarnent (sultan, Mbang, Derdé, Alifa…).

Ces règles sont acceptées de manière consensuelle par une communauté. Elles n'ont pas un caractère obligatoire. Elles ne s'appliquent pas aux allogènes. Les us et coutumes présentent parfois des caractères féodaux basés sur des lignées ; ils réservent des places de vassal, de serviteur, de griot…

La constitution, en son titre XIII, reconnait leur existence et recommande les statuts des autorités qui les incarnent. La

Constitution, en ses articles 156, 157 et 158, fixe les limites de leur exercice, surtout les us et coutumes qui établissent l'inégalité entre les citoyens, perturbent l'ordre public ou font obstruction à l'application de la loi.

La loi organique portant statut des autorités traditionnelles et coutumières doit :

1- Laisser le libre exercice des us et coutumes dans la limite de la loi, y compris les règles de succession dans les diverses traditions du Tchad ;
2- Fixer des limites de leur application dans la conformité de la loi ;
3- Etablir des règles générales uniformes et conformes à la Constitution ; ces règles générales ne s'appliquent que lorsque le consensus coutumier échoue ;
4- Réserver la gestion des litiges au pouvoir régalien qui n'est pas là pour appliquer les us et coutumes mais la loi.

La loi organique ne doit pas :

1- Codifier en lois des dispositions traditionnelles contraires à la Constitution, telles que la prédominance des lignées, la place de griot ou de vassal ; laisser l'exercice de ces us dans les communautés qui les acceptent. Ces dispositions qui prônent l'inégalité entre les citoyens sont contraires à la Constitution en ses articles 13 et 14 et je cite : « Les Tchadiens de deux sexes ont les mêmes droits et les mêmes devoirs. Ils sont égaux devant la loi. » et «L'Etat assure à tous l'égalité devant la loi sans distinction d'origine, de race, de sexe, de religion, d'opinion politique ou de position sociale… »

2- *Accorder l'argent des contribuables tchadiens pour entretenir des cours qui ne regardent que quelques communautés particulières ; que les communautés intéressées contribuent aux besoins de leurs chefs.*

Amendements :

1- *L'article 14 est à biffer ;*
2- *L'article 15 est également à biffer car, qui dit protection se réfère à une loi et aux procédures d'application de cette loi. Sans enfreindre aux principes d'égalité des citoyens, nous ne pouvons pas instaurer des délits d'injures aux chefs traditionnels ;*
3- *L'article 16 est à biffer car il s'agit d'un droit acquis (l'article prévoit le droit d'association des chefs traditionnels.) ;*
4- *L'article 24 est amendé comme suit : « les autorités traditionnelles et coutumières sont choisies conformément aux us et coutumes en vigueur dans la communauté. »*

NB : l'esprit de la Constitution n'est pas respecté dans ce projet de loi. Il y a lieu de le reprendre et de le revoir. Faire en sorte que les Tchadiens soient égaux en droits et en devoirs.

Fait à N'Djamena, le 16 mai 2007.

Député Ahmat Saleh Bodoumi.

Cet amendement qui se basait sur les principes d'égalité des Tchadiens devant la loi, principes garantis par la Constitution, était l'une des bases de tous les rejets des projets de loi portant statut et attributions des chefferies traditionnelles au Tchad et ce, pendant les huit années de la deuxième législature.

Au-delà des principes, les chefs dits traditionnels voulaient obtenir tout de l'Etat : leur pouvoir, des salaires (y compris les droits à la retraite), la succession dans la lignée en cas de vacance, la représentativité de leur localité par un fils du chef ou par le chef au niveau central de l'Etat... tout en restant des chefs garants des traditions respectées par leur communauté. Ils savaient tous qu'ils avaient perdu, depuis la période coloniale le respect et la confiance que la tradition (s'il en était le cas) leur accordait ; depuis qu'ils étaient devenus des collaborateurs de tout pouvoir contre les intérêts vitaux des peuples qu'ils étaient sensés représenter, ils savaient que leur existence dépendait du Gouvernement qui avait encore besoin d'eux pour usurper les droits des citoyens en les éloignant de l'intérêt de la gestion de la chose publique.

A la lecture des pages ci-dessus, il a été nécessaire de dire un mot sur les autorités traditionnelles. Pour ce faire, je joins un texte écrit en 2009 lors du débat sur le projet, sous le titre :

Qu'est-ce que le canton au Tchad ?

Les populations qui étaient dans les limites du territoire qui devint par la suite la République du Tchad ne vivaient pas avant la pénétration coloniale française dans une société acéphale. Il y avait une diversité d'organisations et de pouvoirs. Certaines entités étaient des royaumes bien structurés en Etat, avec une certaine forme d'Armée, d'Administration…, d'autres vivaient dans une hiérarchie gérontocratique qui marchaient par l'action des anciens ; d'autres encore étaient sous l'emprise des règles morales dont l'inobservation entrainait le renvoi de l'auteur de son milieu, par une rigueur morale.

Quand le colon français a imposé sa domination, les pouvoirs d'antan ont été vaincus. Ils ont cédé la place à la force du fusil. Les téméraires parmi les anciens ont été tués et les autres soumis. Ils subissaient ainsi l'injustice coloniale qui s'installait gaillardement sur les ruines des pouvoirs effacés.

Le colon a commencé l'exploitation des peuples soumis par l'action directe de ses soldats. Mais, au moment de leur pénétration au Tchad, les forces coloniales n'avaient pas assez d'effectifs pour administrer les populations des larges régions conquises. Elles recrutaient des tire-ailleurs[1] et créaient des structures intermédiaires autochtones. Les hommes choisis pour veiller sur un espace pour le compte du colon ont reçu le titre de chefs de canton.

Ainsi, le canton est une structure créée et mise en place au Tchad par l'autorité coloniale. Elle a servi à gérer la

---

[1] L'académie française admet tirailleur mais le mot était fabriqué pour désigner des soldats noirs utilisés comme chair à canon pour tuer pour le compte des colons. C'était un péjoratif.

population des régions conquises dans le but de mieux l'exploiter et mieux la soumettre.

Le chef de canton était un collecteur d'impôts, un informateur ou un guide. Il était un obligé, un exécutant des décisions du pouvoir colonial ; quand il s'agissait du recrutement des tire-ailleurs, de la corvée collective, du transport de marchandises à dos d'homme ou l'exécution des travaux forcés, c'était au chef de mobiliser la force utile. (Le chef de canton était un exécutant de la sale besogne)

Au début, le colon n'a fixé ni critères de création ni règles de succession. Les chefs sont nommés ou révoqués à la seule volonté du colon. De cette manière, des cantons ont été créés ou supprimés en fonction du seul intérêt de l'autorité coloniale, parfois selon les désirs ou les caprices du soldat colonial.

Le chef de canton pouvait être un natif des peuples qui composaient le canton ou un étranger (parfois un domestique venu avec le colon). Il pouvait être un prince ou un esclave dans l'ancien système (le système précolonial).

Lorsque la colonisation était établie et installée, elle jugea utile d'instaurer une administration coloniale ayant des visées culturelles ; les règles d'administration qui concernaient les peuples colonisés étaient laissées à la discrétion des chefs de canton. Ceux-ci géraient comme ils entendaient. Le colon n'était pas regardant sur la gestion des chefs tant que l'ordre régnait.

Au début, les chefs de canton n'étaient pas rémunérés de façon régulière. Ils se contentaient de ristournes sur le surplus d'impôts collectés ; en réalité, le chef vivait sur le dos de ses administrés. La manière de prélever ses besoins sur ses administrés n'était pas codifiée. Le chef avait la liberté totale de contraindre le peuple aux fins d'entretenir ses tatas et répondre aux impositions du colon. Le colon n'était pas sensible à l'injustice, au poids économique et à toutes les sortes de difficultés imposées par les chefs à leurs administrés, les indigènes.

Le peuple colonisé subissait, pendant la colonisation française au Tchad, le poids de la colonisation à travers ses lois arbitrairement imposées et appliquées par sa soldatesque, mais également à travers ses dévots qu'étaient les chefs de canton.

La nouvelle manière de vivre dans le Tchad colonisé était une remise en cause de toutes les règles, les tabous, les interdits, les obligations et les respects qui étaient en cours avant la colonisation française. L'ensemble des us et coutumes, expression de la tradition ancestrale, étaient dénaturés par l'émergence des chefs de canton ; en général, la désignation de ces derniers, l'exercice de leur fonction et leur succession n'obéissaient à aucun usage coutumier des peuples qui constituaient le Tchad d'avant l'ère coloniale.

Les nouveaux chefs avaient l'obligation d'asseoir leur autorité pour pouvoir répondre aux exigences du colon.

Par ce fait, les pouvoirs traditionnels se trouvaient

doublement attaqué : d'abord par le pouvoir colonial qui avait renversé les pouvoirs existants par la force des armes. Puis par les chefs de canton qui les détruisaient dans leurs ultimes retranchements, c'est-à-dire les effacer de la mémoire des peuples en intervenant dans les affaires anodines et insignifiantes vis-à-vis du pouvoir colonial : des domaines qui touchaient au pouvoir moral réservé aux anciens, à la religion, aux rites liés au terroir, à la récolte, à la pluie, à l'abondance …

Les chefs de canton, nouveaux relais du pouvoir colonial, occupaient tous ces pouvoirs ignorés ou méprisés par le colon bien qu'ils n'étaient pas les légitimes détenteurs reconnus par la tradition séculaire.

C'était ainsi que le canton qui était une émanation, une création du colon devint une structure traditionnelle par l'usurpation des pouvoirs traditionnels ou, parfois, par l'élimination des pouvoirs traditionnels.

Les légitimes détenteurs du pouvoir traditionnel étaient domptés par le pouvoir absolu donné par le colon à ses nouveaux chefs de canton qui pouvaient décider de la vie et de la mort des indigènes.

Pendant la soixantaine d'années de colonisation du Tchad, le canton s'était imposé comme un pouvoir aux yeux des peuples colonisés bien qu'il restât léger, volatile et de moindre considération vis-à-vis du pouvoir colonial.

Des cantons étaient ainsi créés, supprimés ou scindés en plusieurs, parfois fondus dans d'autres pour en faire un seul. Des chefs de canton étaient révoqués, remplacés par un serviteur, un secrétaire, un esclave, un fils ou par une tierce personne ; des chefs de cantons étaient parfois permutés.

L'unique chose qui pouvait donner de la considération à un chef de canton était son dévouement à l'autorité coloniale, à l'exécution des ordres du colon même si ceux-ci portaient atteinte à la vie, à la santé ou à l'existence des peuples qui composaient ledit canton. Le bon chef, le chef écouté par le pouvoir colonial était le type de chef qui mettait sa population au service exclusif du colon en termes de corvées, de travaux forcés ou autres exploitations inhumaines et dégradantes.

Malgré le prestige que procurait la fonction du chef de canton au niveau local, le pouvoir colonial le considérait comme moins que rien ; ce paradoxe avait fait du Tchadien de la période coloniale, un être totalement éloigné du pouvoir, de la revendication des libertés et des droits.

Toute velléité de revendication ou de révolte était combattue par le pouvoir colonial certes, mais, de manière plus ardue et plus intense par la chefferie locale pour sa propre survie en tant que pouvoir.

Aux ères des revendications pour l'indépendance, ceux qui avaient osé revendiquer ce droit n'étaient autres que ceux qui s'étaient approchés des colons : des commis, des tire-ailleurs, des serviteurs, des lettrés qui se trouvaient à un échelon supérieur à celui des chefs, de par leur connaissance et leur contact facile avec le colon. Ces produits du système colonial, ces demandeurs des droits et des libertés étaient également combattus par le pouvoir établi, surtout les chefs qui étaient devenus la structure la plus conservatrice du système colonial.

Qui revendique le droit à l'existence, qui lutte contre la servitude triomphera un jour ; l'indépendance était acquise, octroyée parce que revendiquée par les produits du système. Elle était acceptée avec les tares qui ont maintenu le pouvoir colonial, de domination de l'homme par l'homme.

Les produits du système colonial qui ont acquis l'indépendance n'ont pas remis totalement en cause l'ordre établi. La Constitution et les lois de l'ère de l'indépendance restaient théoriques par le fait que l'Administration était l'ancienne et marchait comme aux temps de non-droit[2].

Pourtant, cette Constitution et ces lois prônaient les principes de l'égalité des citoyens en droits et en devoirs.

Des initiatives d'élimination des pouvoirs intermédiaires entre l'Administration et l'administré avaient été ébauchées mais les premiers régimes du Tchad indépendant ne s'étaient pas aventurés trop loin sur le chemin de l'éradication de toutes ces tares qui empêchaient l'émergence du rural en tant que citoyen à part entière et non le sujet d'une quelconque chefferie. Comme pendant

---

[2] Dans le système colonial, le Blanc n'est égal au Noir, le lettré, le commis, le chef, le goumier ne sont pas égaux aux éleveurs, agriculteurs…, bref au commun des mortels appelés indigènes.

l'ère coloniale, les autorités poste-coloniales n'avaient pas donné non plus de pouvoirs considérables aux chefferies cantonales. Celles-ci restaient de simples collecteurs d'impôts, des exécutants des décisions des nouvelles autorités administratives, en bref des auxiliaires de l'Administration Centrale.

Les chefs dépendaient comme aux temps de la colonisation, de l'échelon le plus bas dans la hiérarchie administrative : les chefs de Postes Administratifs (P.A) ou des Sous-préfets (S.P).

La considération qu'accordait la population à l'égard des chefs était restée intacte puisque l'Administration à l'indépendance s'exerçait sur le même modèle de l'Administration coloniale et que les premiers lauréats de l'Ecole Nationale d'Administration qui avaient pris le relais des administrateurs ou des militaires coloniaux étaient les fils des chefs et les ex-tirailleurs, tous gardiens de l'ordre établi. Ils donnaient la force nécessaire aux chefs de cantons pour mater le peuple, comme cela s'était fait pendant la période coloniale.

Le peuple restait toujours éloigné du centre des décisions et du pouvoir. L'injustice de la période coloniale s'exerçait après l'indépendance sans le pouvoir répressif des colons. Cela a favorisé les révoltes et les troubles. Cependant, les nouvelles autorités du Tchad indépendant n'ont défini ni le nouveau rôle des chefs ni leur place dans l'Administration du Tchad indépendant.

Les rebellions, surtout les démembrements du Front de Libération National du Tchad (FROLINAT) combattaient ces chefs et les considéraient comme des collaborateurs inconditionnels du pouvoir établi.

Certains chefs lésés ont rejoint la rébellion. Mais, ceux-ci ont accepté de se morfondre dans le rôle et la fonction du combattant. Ils n'affichaient pas de titre de fils du chef.

Pendant la période de guerres civiles, des troubles et des tendances, les chefferies cantonales sont restées en veilleuse, sans rôle ni pouvoir.

Le pouvoir absolu était propice à la propulsion des chefs. Même s'ils ne gagnaient pas la considération ou les avantages d'antan, leur existence n'allait pas être menacée.

La Conférence Nationale Souveraine (C.N.S) tenue en 1993 qui était le forum national pour redéfinir la marche du pays, a adopté des orientations consensuelles. Le caractère consensuel fait parfois d'elles des juxtapositions des options contradictoires. Mais, une idée forte a été adoptée par tous : il s'agit de la décentralisation du pays conduisant à la division du territoire en Collectivités Territoriales décentralisées et non en territoires cantonaux. C'est une volonté claire qui ramène la démocratie à la base, au niveau du citoyen ordinaire.

La Constitution du 31 mars 1996, puisant ses principes dans les recommandations consensuelles[3] de la Conférence

---

[3] Le consensus est par essence l'acceptation en partie de la proposition de l'autre.

Nationale Souveraine, contient le principe d'administration fortement décentralisée, gérée par des élus locaux, dans un territoire subdivisé en collectivités territoriales décentralisées (non en unités administratives). Elle donnait le rôle de collaboratrice aux autorités traditionnelles et coutumières.

Par ce fait, les chefs (de canton, sultans, bangs, derdé…) cessaient d'être les auxiliaires de l'Administration, devenant du coup ses collaborateurs.

Comment se fera cette collaboration ? Seront-elles des institutions pour collaborer avec l'Administration Centrale ? Comment se fera la collaboration avec les Collectivités Territoriales décentralisées ? Comment se fera la collaboration entre les autorités traditionnelles et les élus des communautés rurales, municipales, sous-préfectorales, départementales ou régionales ? Des instances dont les membres sont des élus locaux.

Comment les chefs de canton peuvent-ils exercer leur autorité dans une communauté gérée par des élus locaux qui tirent leur légitimité du choix populaire quand on sait que le pouvoir cantonal tire son autorité du pouvoir central ? Resteraient-ils encore comme des administrés sous les ordres des sous-préfets, le dernier échelon de l'Administration Centrale ?

Dans une démocratie, comment peut-on refuser le droit d'être un chef de canton à certains citoyens, en le rendant légalement exclusif à d'autres sans empiéter sur l'égalité des

Tchadiens en droits et en devoirs, des droits garantis par la Constitution ?

L'échelonnement des organes de la décentralisation en collectivités rurales, municipales, départementales et régionales et la gestion du pays par des élus locaux sous la supervision d'une administration déconcentrée qui n'administre pas mais régule, ne laissent pas de place à une autre autorité de s'exercer.

Les chefs ont compris ce dernier aspect. C'était la principale raison de leur agitation et de leur opposition systématique à l'option fondamentale prise par la Conférence Nationale Souveraine.

L'Assemblée Nationale, issue de la Constitution du 31 mars 1996 et installée le 04 avril 1997, avait pour première mission l'adoption des lois qui allaient permettre la mise en place des institutions de la République. Parmi ces lois, il y a celles qui sont relatives aux organes de la décentralisation et à l'élection des élus locaux.

Les autorités traditionnelles voyaient dans cette démarche, la fin du pouvoir des autorités traditionnelles, surtout cantonales. Elles réclamèrent le vote de leurs statuts prévus par la Constitution ; celle-ci leur accordait le rôle de collaborateurs de l'Administration.

Dans un pays démocratique où les citoyens sont égaux devant la loi et que le territoire est subdivisé en collectivités décentralisées et autonomes, l'adoption des lois exclusives de succession des lignées, la conservation des entités cantonales intactes avec leur territoire devient impossible.

Car, pour les chefs et assimilés, il ne faut pas que la démocratie atteigne la chefferie cantonale. Cela veut dire que la démocratie ne doit pas être l'affaire des Tchadiens ordinaires gérés et administrés par les autorités cantonales.

Pendant les séances de l'Assemblée Nationale, certains chefs intervenaient à la tribune de l'Assemblée Nationale pour dire que telle personne n'a pas le droit d'être un chef de canton parce que ses grands-parents ont été des griots, des forgerons, des mesquins ou des esclaves ; que la chefferie est une affaire d'une lignée, d'un clan, d'une tribu ou d'une famille.

Quand allons-nous dépasser ces choses discriminatoires pour vivre en citoyens égaux dans une république fondée sur des principes et des lois ?

L'Association des Autorités Traditionnelles du Tchad s'était mise au devant de la scène, pour introduire dans le projet des statuts des chefferies traditionnelles, l'exclusivité des lignées quant à la succession, la prise en charge par le Budget National des émoluments, des salaires et leurs valorisations, des indemnités, des pensions de retraite et des traites viagères.

Pour ces chefs, toute action qui amène le Tchadien ordinaire à influer sur l'avenir du pays est dangereuse pour la survie de la chefferie en tant que pouvoir. Ils voulaient une administration forte et capable de mater les administrés à la demande des chefs comme au vieux temps de la colonisation. Ils ne voulaient pas une démocratie qui dérange l'exclusivité féodale de leur pouvoir, dans leur terroir.

Quant à leur situation économique, les chefs ne voyaient pas autre source d'entrées pécuniaires en dehors de ce que leur paie le pouvoir central en termes de salaires et autres droits réglementaires sur le compte du Budget National ou des ristournes sur la collecte des impôts. Ils oubliaient que la collecte des impôts avait cessé d'être une affaire du Ministère de l'Administration Publique mais des Finances et que toute une direction s'en chargeait des impôts !

Il y a une opinion nationale qui veut que le traditionnel (pouvoir, us, coutume) soit géré par la communauté concernée selon ses internes règles de conduite. Que l'Etat reste en dehors de la chose traditionnelle. Que l'Etat veille à l'exercice de la tradition dans les limites de la loi, conformément à la Constitution.

Pour cette opinion, chaque communauté doit régler la succession aux chefs conformément aux règles traditionnelles de sa communauté car, ces règles diffèrent d'une communauté à l'autre.

L'Etat doit intervenir lorsque le consensus traditionnel échoue. Dans ce cas, des règles uniques basées sur les principes de la démocratie, doivent gérer la succession des chefs. Or, les règles basées sur les principes de la démocratie ne différencient pas les Tchadiens en fonction de leur origine, de leur rang social, de leur richesse…Un prince, un griot, un forgeron peuvent postuler au même poste aussi important que celui du Président de la République du Tchad. Pourquoi la chefferie cantonale restera-t-elle l'exclusivité d'une lignée ?

Pour cette opinion, le Budget général de l'Etat ne doit pas contenir des charges pour entretenir des chefferies par essence communautaires et particulières. Que ceux qui veulent conserver le pouvoir de leur tradition en supportent les charges occasionnées par la tata[4] de leur chef.

Au Tchad, il n'y a pas une tradition ou une coutume qui concerne tous les citoyens. Il n'y a pas une autorité traditionnelle qui soit la garante des us et coutumes de tous les Tchadiens. Chaque communauté a ses us et coutumes et sa propre conception du pouvoir traditionnel ainsi que ses règles de succession.

Le projet de loi portant Statuts des autorités traditionnelles a le défaut d'uniformiser, de modéliser les règles traditionnelles au Tchad. La simple appellation d'une autorité traditionnelle dans une région s'accepte difficilement dans une autre.

Le projet des Statuts ne dit rien sur le territoire de l'autorité cantonale. Lors de l'examen du projet de loi portant statuts des Collectivités territoriales décentralisées, on ne parle pas de l'aspect territorial des entités anciennes qui sont les cantons. Mais, les décrets du Gouvernement évoquaient le ressort territorial. Le Gouvernement se gardait à le définir

---

[4] La cour.

ou à le délimiter. Son évocation dans les décrets équivalait à la reconnaissance de son existence. Or, depuis l'adoption de la présente Constitution (du 31 mars 1996), il n'y a pas de ressorts territoriaux des cantons. Le territoire est subdivisé en collectivités territoriales décentralisées conformément à des lois organiques.

Allons-nous garder la subdivision cantonale du territoire ou subdivisons-nous le territoire en collectivités décentralisées, dispositif prévu par la Constitution en son article 2 ?

La manière actuelle, consistant à faire coexister une chefferie cantonale féodale dominée par une lignée avec son ressort territorial et une collectivité territoriale décentralisée gérée par des élus locaux avec son territoire, va amener le pays vers l'explosion. Peut-on encore parler du ressort territorial des cantons ? Des sultanats ? Ces juxtapositions contredisent la Constitution.

Le choix fait par le peuple tchadien est clair ; c'est la démocratie. C'est-à-dire, celui qui prétend à la gestion de la chose publique doit se faire élire sur un programme. Sa filiation, sa religion, sa région, son ethnie, sa langue… ne constituent pas un critère de choix.

Que le traditionnel soit une affaire communautaire et exclusive qui se conserve par et pour la communauté concernée, s'exerçant dans les limites de la loi.

Que le traditionnel soit une affaire culturelle rattachée au Ministère qui s'occupe des affaires culturelles du pays. En mettant le traditionnel sous tutelle du Ministère chargé de l'Administration, la culture nationale se réduit au folklore ; elle s'effrite, se désintègre et laisse la place vacante : une porte d'entrée de tous les vices.

La confusion entre l'administratif et le traditionnel avec des immixtions politiques dans la gestion des chefferies et dans l'exercice des us et coutumes est une des sources des problèmes tchadiens. Elle empêche l'application des lois de la République. Les tenants actuels des pouvoirs traditionnels, anciens auxiliaires du système colonial, ne croient pas à l'égalité des Tchadiens que prône la Constitution de la République. Le peuple tchadien ne se sent ni concerné par la chose publique ni par les lois. Il ne croit pas être le citoyen qui est tenu de respecter les lois du pays qui d'ailleurs ne le gèrent pas.

Que le Gouvernement sache qu'il n'a pas des prérogatives d'appliquer les us et coutumes mais les lois de la République du Tchad.

Les règles de succession des chefs sont du domaine des us et coutumes tant que le consensus qui maintient ces us et coutumes dans une communauté existe. Toute intervention du Gouvernement dans la gestion traditionnelle des us et coutumes est une source de conflit. Le Gouvernement doit gérer la succession d'un chef que lorsque le consensus traditionnel est rompu. Dans ce cas, il fait appliquer des lois uniformes qui respectent les principes constitutionnels. Les projets de loi déposés à l'Assemblée Nationale ne répondent pas aux principes et ne sont pas conformes à ses dispositions.

Fait à N'djamena le 24 Avril 2009.

Député Ahmat Saleh Bodoumi.

Ce texte sur les chefferies traditionnelles étaient écrit lors d'une discussion du projet de loi portant leurs statuts au Tchad. Il y avait une attribution des prérogatives idylliques que les fils des chefs s'attribuaient. Alors, j'ai proposé cet écrit qui porte sur le rôle que ces chefferies avaient joué et qu'elles en prétendent encore au Tchad.

La seule manière qui évitera à nos enfants de vivre les mêmes problèmes que nos parents c'est d'établir des lois justes qui prônent l'égalité entre eux. Les faire appliquer quelles que soient les conséquences. La Constitution de la République, texte suprême du Tchad, prévoit cette égalité. L'application de telles lois fera des Tchadiens, des citoyens qui se soucieront de la chose publique. Le Tchadien doit se sentir concerné de la chose publique pour faire valoir ses droits et s'acquitter de ses devoirs.

L'Arche de Zoé ou la tentative de vol de 103 enfants tchadiens

A la fin du mois d'octobre 2007, les forces de police et de sécurité tchadiennes ont arrêté les membres d'une association française, l'Arche de Zoé (en France) mais introduite au Tchad sous le pseudonyme de "Children Rescue" ; une organisation non governementale française qui se donnait la mission d'accueillir les enfants victimes du conflit du Darfour : des enfants blessés, abandonnés ou des enfants dont les parents ne peuvent pas s'occuper d'eux. Elle a eu l'autorisation de créer à Abeché une école, une infirmerie et un internat. Mais, les membres de cette ONG étaient pris en flagrant délit d'exportation frauduleuse vers la France, de 103 enfants tchadiens, à l'aéroport d'Abeché au Tchad. Le peuple tchadien apprenait la nouvelle par la voix du Président de la République en séjour à l'Est du pays. Le Président déclara : « C'est une chose que nous n'avons jamais pensé voir dans notre vie. Ceci ne s'est jamais produit dans notre pays. C'est un enlèvement pur et simple d'enfants qui ont leur père et mère par des ONG dites internationales humanitaires qui se sont installées dans notre pays et qui ont trompé la vigilance du Tchad avec la complicité des compagnies aériennes d'Europe. Est-ce que c'est pour les vendre aux ONG pédophiles ou bien pour les tuer et enlever leurs organes ? Je vous assure que je suis traumatisé par ce que je vois. Nous ne sommes pas traités comme des hommes par ces gens-là, ils nous traitent

31

comme des animaux. Voilà l'image de cette Europe qui sauve ! Voilà l'image de cette Europe qui donne des leçons à nos pays, qui soit disant aide l'Afrique et les Africains. »

Radio France Internationale (RFI) et France 24, radio et télévision d'Etat de la République française, mettaient en boucle l'information relative à l'événement d'Abeché ; ce n'était pas pour dénoncer l'acte ignoble des Français pris la main dans le sac, dans une tentative de vol d'enfants tchadiens. Mais, pour dénoncer la déclaration du Président de la République du Tchad. Pour la presse officielle française, la déclaration du Président Tchadien était diffamatoire, irréfléchie…

Tout le Tchad était surpris : « que des Français s'introduisent pour voler des enfants tchadiens ! »

Les Tchadiens, surtout ceux qui étaient à l'école française, qui avaient une autre idée de la France et des Français, s'interrogeaient : « Comment des hommes et des femmes issus de la culture française peuvent-ils tomber aussi bas pour voler les enfants des pauvres ? » ; pour eux, la France était le pays des Droits de l'Homme, de la morale, de la justice, de la Révolution française et de la philosophie des lumières. Les déclarations de la classe politique contemporaine de ce pays qui cherchent à montrer la France d'aujourd'hui par des phrases telles que :

-   « La France n'a pas d'amis. Elle n'a que d'intérêts » ;

- « Toute action est bonne si elle vise l'intérêt français. Si elle respecte les règles morales, tant mieux ! Sinon, tant pis ! »

De telles phrases ne mettaient pas en cause la valeur réservée à la France et aux Français par une classe d'intellectuels tchadiens trop francophiles. Ces Tchadiens, obnubilés par le positivisme d'une culture et d'une presse envahissante, ignoraient que les Français étaient devenus les premiers défenseurs des droits de l'Homme pendant qu'ils exploitaient de manière inhumaine le Nègre confondu à l'animal.

Aux interrogations légitimes des Tchadiens, il n'y avait que la presse française qui donnait des réponses : elle vilipendait la sortie hasardeuse d'un Président "dictateur". Elle décortiquait les phrases du Président tchadien. Elle donnait la parole à des experts. Ceux-ci démontraient tout au long de la journée que le Président tchadien ne pouvait pas avoir d'éléments qui étayent ses assertions. Ils qualifiaient les dires du Premier magistrat tchadien comme outrageux et inconséquents devant autant de philanthropie française à l'égard des orphelins du Darfour.

Pourtant, le Président tchadien faisait sa déclaration à Abeché, lieu du rapt échoué. Il avait devant lui les acteurs arrêtés et menottés. Qui d'autre pouvait prétendre posséder plus d'informations que lui ?

Parfois, il ne suffit pas d'avoir la vraie information mais la possibilité de toucher l'audience. Nous sommes dans un monde où la puissance médiatique emporte sur la véracité des faits ou des actes.

Voilà, la réalité de ce jour : Idriss Deby, Président de la République du Tchad avait la situation en main et connaissait ce qui s'était passé dans ce vol d'enfants tchadiens. Mais, la France était plus crédible. L'information qu'elle proposait était considérée comme la vraie par le "monde civilisé".

Ceux qui analysaient la presse s'interrogeaient sur les possibles actions de la France ; est-ce que la prise de position de sa presse officielle prédisait celle du Gouvernement français ?

Le lendemain, c'était la ruée vers Abeché, la capitale circonstancielle de la honte (le vol d'enfants). L'Assemblée Nationale composa une délégation autour des Députés de la région concernée. Je faisais partie de cette délégation parlementaire. Nous étions dans le même avion que les membres du corps diplomatique accrédité au Tchad. Parmi les ambassadeurs, il y a lieu de citer celui de la France, pays des voleurs d'enfants et celui du Royaume d'Espagne, pays d'immatriculation de l'avion immobilisé pour l'exécution de ce rapt. Les journalistes de la Radio et Télévision Nationales nous accompagnaient avec beaucoup d'autres de leurs confrères de la presse écrite ou des représentants de diverses agences.

A l'aéroport d'Abeché, le Ministre de l'Intérieur et de la Sécurité Ahmat Mahamat Bachir nous attendait sous la passerelle. Il était accompagné du chef d'Etat-major de l'Armée de l'air tchadien, le Général Mahamat Orozi.

Le Ministre et le Général ont conduit, à pied, tous les membres de la délégation composée de Députés, de journalistes et d'Ambassadeurs, vers l'avion des voleurs, stationné dans l'enceinte du même aéroport. Des officiers, peut-être des attachés militaires des ambassades nous accompagnaient également.

L'avion du rapt était stationné dans l'aire clôturée, sise au nord-est de l'aéroport d'Abeché. C'était la partie réservée à l'Armée française, l'opération Epervier. Cette Armée occupait cette partie et y faisait sa base.

Ce qui nous frappa de prime abord était le fait que l'avion des voleurs était stationné dans l'aire occupée par l'Armée française : donc, chez les Français !

L'aéroport d'Abeché étant un aérodrome secondaire, il n'y avait pas d'échelle pour atteindre le cockpit ou le cargo d'un avion de ligne, un Boeing 757. Il n'était pas possible de charger des enfants dans un tel avion à Abeché. Pour contourner cet obstacle, une échelle en bois était fabriquée sur place, avec les dimensions requises.

Pour acheminer tous ces enfants à l'aéroport sans attirer l'attention des gardes tchadiens, il ne fallait pas les faire passer par la porte d'entrée de l'aéroport. Un grand trou était percé dans le mur du côté-est de l'aéroport. C'était le mur du camp de la force française. Le Ministre et le Général nous ont conduits au trou qui menait directement au tarmac où l'avion des voleurs était stationné c'est-à-dire la base de l'Armée française.

Les membres de la délégation étaient surpris devant ce qu'ils voyaient. Depuis notre visite à l'aéroport, l'avion, le trou percé dans le mur du camp de l'Armée française et l'échelle fabriquée sur place, une flagrante corrélation entre l'Armée française et les voleurs d'enfants sautait aux yeux.

Les militaires français, mis sûrement au courant de notre venue dans leur enceinte, essayaient, autant que possible, de nous créer le vide. Chaque membre de la délégation chuchotait avec son compagnon de route, des questions sans réponses.

Les journalistes posaient des questions ; le Ministre et le Général répondaient. Les journalistes s'intéressaient au type de l'avion, à l'autorisation de survol du territoire national, l'échelle et sa fabrication, l'entrée des véhicules chargés d'enfants par le béant trou creusé… Le Général Orozi dit : « Ce type d'avion ne doit pas atterrir sur cet aéroport. L'équipage ne doit pas accepter d'atterrir sur un aéroport non équipé. Cet avion ne pouvant pas rejoindre le parking de cet aéroport, il est strictement interdit de le stationner ici, sur la piste… »

Les journalistes répliquèrent : « Qui interdit tout cela et en cas de force majeure comme l'évacuation des malades… ? »

Le Général : « L'aviation est un domaine où il y a des normes. Tout aviateur doit les respecter pour la sécurité de tous. Un avion destiné à l'évacuation des malades doit être équipé, des dispositions sanitaires doivent être prises. Venez, regardez ! Il n'y a rien qui montre de tels dispositifs. »

Le Général a présenté des documents qui tiennent lieu des autorisations de survol du territoire national, de l'avion espagnol. C'étaient de faux documents, émis au nom d'un autre type d'avion qui porte une autre immatriculation. Donc, il y a des manœuvres frauduleuses. Qui avait falsifié et par quelle autorité ? Seule une enquête sérieuse pouvait l'établir.

Les journalistes s'intéressaient à tout, sauf à la préoccupation des membres de la délégation gênée, émue et tendue par cet incroyable montage dans la base de l'Armée française : « Quelle est la relation de cette Armée avec les membres de l'Arche de Zoé ? »

Je me suis rapproché du Ministre pour lui demander en arabe la raison qui faisait taire le Gouvernement de la République, la triviale corrélation. Il n'a pas tenu compte de ma préoccupation et a continué de conduire sa visite guidée. Il faisait mine de me dire qu'il était là pour éclairer la lanterne des journalistes. Ce n'était pas le lieu de répondre aux questions des Députés.

Je me suis rapproché du Général avec la même question mais en gorane, cette fois-ci. L'officier me fit savoir son rôle dans cette visite : En sa qualité de pilote, il répondait aux questions techniques relatives au survol, aux autorisations, aux immatriculations, à l'échelle et à ses dimensions…

Je proposais aux Députés membres de la délégation d'interroger le Ministre sous l'avion, devant les journalistes. Car, disais-je, il y avait une intention de retenir la vérité en portant tous les regards sur l'action des membres d'une association. Mais, l'indécision, la prudence complice et la diplomatie du lâche conseillaient mes collègues à reporter à plus tard toute forme de réaction ; pour eux, avant toute réaction, il fallait faire le compte-rendu de la mission à l'Assemblée Nationale.

Qui ferait la lumière sur la question si les élus que nous sommes, nous nous complaisions aux convenances et à la diplomatie ? Qui parlerait au nom des enfants tchadiens et de leurs parents ? Le Gouvernement ? Il avait aussi des intérêts à défendre et un pouvoir à conserver. D'ailleurs, le chef de l'Etat avait fait sa réaction. Alors, nous les élus ? Etions- nous là pour la même raison ?

J'avais "pris mon courage à deux mains" comme disent les anciens. C'est-à-dire, j'avais osé interpeler le Ministre sous l'avion des voleurs dans l'enceinte réservée à l'Armée française, par ces termes :

« Monsieur le Ministre ! Vous mentez au peuple tchadien. Vous dites qu'une association exfiltre les enfants pour les envoyer en Europe. C'est du mensonge. C'est la France, la voleuse. C'est l'Armée française qui a piloté tout ce montage. Dites la vérité aux Tchadiens ! »

C'était le silence. Tous les regards se tournèrent vers moi.

Je n'avais dit que ce que tout ce monde constatait. Le Ministre hésitait de prendre la parole. Depuis que je lui ai posé ma question en arabe, il ne cessait de lorgner mes contacts avec les autres membres de la délégation. Me connaissant depuis toujours, il savait que j'allais réagir d'une façon ou d'une autre. Mais, il ne pensait pas qu'une telle interrogation lui allait venir dès l'aéroport. C'était un hasard de circonstance qui m'avait placé dans cette délégation[5].

C'était son excellence l'Ambassadeur de France qui prit la parole devant un ministre qui hésitait, pour réfuter les graves accusations dont son pays faisait l'objet. Peut-être, pensait-il que ma réaction était une mise en scène du Gouvernement tchadien ? Il faut rappeler que j'étais un député du MPS, le parti au pouvoir. Il se trompait. Je me croyais être dans mon rôle. Je n'avais pas besoin qu'on me mette en scène montée…

Des verts dialogues s'échangèrent entre le diplomate français et moi, devant une presse captivée. Face à la tournure des événements, le diplomate s'éclipsa. Cet échange m'avait permis de doigter les preuves qui impliquaient l'Armée française basée à Abeché.

Ce fut le tour de l'ambassadeur d'Espagne de le relayer. Il n'intervenait pas pour me contredire sur l'implication de la France à travers son Armée. Mais, il calmait le jeu dans le but de m'empêcher d'avoir le monopole de la parole devant la presse. Celle-ci commençait à s'intéresser à moi. Ma

---

[5] On m'a désigné parce que j'étais un des Députés disponibles ce jour.

version était leur propre constat.

Pendant le reste de la visite guidée, j'étais devenu le centre d'intérêt des journalistes. Mes moindres faits et gestes étaient filmés. Mes interrogations enregistrées.

De l'aéroport, nous étions conduits chez les enfants. C'étaient des images insoutenables. Il y avait des bébés. Plusieurs fratries de quatre, de trois ou de deux enfants. La providence était tchadienne pour ne pas faire subir un tel drame à des familles trompées. Ces dernières croyaient envoyer leurs enfants à l'école à Abeché. C'était la raison pour laquelle les familles ont cédé leurs enfants à l'Arche de Zoé. Ces familles pauvres et analphabètes, vivant dans des contrées où il n'y avait pas d'école, croyaient trouver un débouché pour faire de leurs enfants ce qu'elles n'avaient pas eu : l'alphabétisation. Pour ces familles illettrées, l'école était une assurance de vie radieuse, la seule qu'elles peuvent léguer à leurs progénitures. Des mamans étaient séparées de leurs bébés par la force conjuguée de toute une communauté villageoise. C'était à contrecœur que des familles s'étaient séparées de leur progéniture, dans l'espoir de leur rendre visite à tout moment, dans la capitale ouaddaïenne, Abeché.

De tout temps, ceux qui acceptaient de telles séparations, aussi douloureuses étaient-elles, obtenaient, quelques décennies plus tard, un membre de leur famille, devenu citoyen tchadien ; un homme ou une femme apte à comprendre les lois de la République et à occuper des postes de responsabilité. C'était une aubaine pour ces populations rurales d'avoir la possibilité d'envoyer leurs enfants à l'école. Que l'école soit française, arabe ou madrasa coranique, les familles de ces régions croyaient assurer l'avenir de leurs enfants par l'éducation scolaire, par l'alphabétisation ou par l'apprentissage du coran ; tout cela contribuait à sortir l'enfant du cercle vicieux de l'illettrisme.

La délégation était conduite dans la base de l'Arche de Zoé. "L'Association" louait trois villas ; c'étaient des villas juxtaposées, séparées par des murs de clôture. La clôture de chaque villa avait une grande porte qui faisait face sur la route à l'ouest. A chaque porte, il y avait un gardien de nuit comme de jour.

Il est nécessaire de rappeler que les membres de l'Arche de Zoé, avant la location de ces villas, avaient logé à l'aéroport, dans la base militaire de l'Armée française. Leur matériel était acheminé à Abeché par les avions militaires de l'Armée française. Toutes ces informations nous venaient du petit personnel qui suivait la visite guidée du Ministre de l'Intérieur et de la Sécurité.

Depuis mon interpellation du Ministre sous l'avion des voleurs d'enfants, militaires, policiers, informateurs et autres s'adonnaient à cœur joie à divulguer toutes les rancœurs longtemps enfouies et comprimées. Tout ce monde devenait nos informateurs et nos guides. Je suis sûr que le Ministre n'avait pas plus d'informations que ce petit monde choqué et sans aucune retenue. Il trouvait en nous de vrais défenseurs de la cause des enfants et des parents. Tout ce monde était d'accord avec moi que le vrai voleur des enfants était l'Armée française. Si des villas étaient louées en ville et qu'elles étaient gérées par un personnel civil, c'était juste une question d'incompétence des soldats français à bercer des bébés. Le gros du travail de l'envoi des enfants en France était fait par l'Armée française qui hébergeait l'avion du rapt.

Les murs intérieurs des villas étaient gravés de photos ; les pieds, les mains et les empreintes digitales des enfants étaient systématiquement filmés et affichés avec le numéro d'ordre de chaque l'enfant. Les enfants étaient identifiés par des numéros, en attendant un nom de baptême.

C'était un travail de titan : les infatigables membres de l'Arche de Zoé ont fait un gigantesque travail pour falsifier l'identité réelle des enfants. Ils ont réussi à créer une identité pour chaque enfant, depuis ses empreintes digitales, poids, tailles, dentures, la forme de pieds, mains, couleur des cheveux, yeux... Des prélèvements médicaux étaient aussi faits.

C'était une vue qui impressionnait les membres de la délégation. Ensuite, on nous montra comment ont-ils procédé pour faire sortir tous ces enfants, des villas où ils logeaient sans éveiller la surprise des gardiens.

Les membres de l'Arche de Zoé avaient mis en congé tout le personnel de soutien, un jour avant le jour J : jour de déplacement des enfants vers l'aéroport. Seuls les gardiens étaient restés à leur poste. Mais, les membres de l'Arche de Zoé n'allaient pas utiliser les portes des villas pour faire partir les enfants à destination de l'Aéroport : ils percèrent des trous dans les murs, entre les villas. Ils firent également un trou pour sortir les enfants du côté opposé aux portes. Ainsi, les enfants étaient conduits dans un circuit de trous muraux et récupérés derrière la ville pendant que les gardiens veillaient aux portes des villas vidées.

Quand la visite guidée était terminée, les journalistes de toute la presse m'ont sollicité une interview. Ainsi, dès le retour de la délégation à la résidence du préfet, je n'avais pas eu le temps de me rafraichir. C'était l'interview. Pour moi, c'était l'occasion de préciser que la France, à travers l'action de son Armée basée à Abeché, était l'actrice de la tentative de soustraction des enfants tchadiens. Les preuves qui permettaient de porter une accusation aussi grave à un pays ami, à un Gouvernement ami, étaient citées pêle-mêle. J'avais accusé le Gouvernement tchadien de n'avoir pas eu le courage d'indexer le vrai coupable. Il ne disait pas la vérité au peuple tchadien en accusant les membres de l'Arche de Zoé. Certes, ces derniers étaient pris la main dans le sac, mais, le Gouvernement voyait toutes les preuves qui montraient l'implication de l'Armée française. Ce fut facile pour moi d'être clair dans mon raisonnement qui était également le constat de tous les membres de la délégation, y compris les journalistes. Ces derniers cherchaient une voie autorisée pour en faire la source de leur propre constat. C'était la raison pour laquelle ils étaient venus vers moi pour faire une interview. Sinon, étant donné que le chef de la délégation parlementaire était présent, la presse ne m'aurait pas choisi pour parler en tant que député ou au nom de l'Assemblée Nationale.

Un des journalistes me passa deux phrases écrites qui disaient pratiquement la même chose avec ce que je ressassais depuis le matin ; elles étaient intitulées : « le vol raté des enfants tchadiens est mené de bout en bout par la France à travers l'action directe et planifiée de son Armée basée à Abeché. Le Gouvernement tchadien doit dire la vérité aux Tchadiens quelles que soient les conséquences. » Ce mot du journaliste me rappelle un proverbe tchadien : « Qui parle à la place de quelqu'un ne traduit pas la pensée entière du concerné. »

Pendant que nous visitions les sites de l'Arche de Zoé, l'ambassadeur de France qui s'était séparé de nous depuis l'aéroport, était allé en hélicoptère de l'Armée française, à Biltine, une préfecture située à une centaine de kilomètres au nord d'Abeché. Le Président de la République du Tchad y séjournait.

Depuis la déclaration du Chef de l'Etat, faite quand les voleurs, les membres de l'Arche de Zoé étaient arrêtés, il était légitimement fâché ; du fait que cet acte aussi grave était l'œuvre des ressortissants d'un pays ami qui avaient sûrement abusé de la confiance placée en eux par les autorités de la République.

La presse officielle française le traitait de tous les noms mais il se taisait en gardant l'honneur d'un pays piétiné. Les Tchadiens étaient sûrs que le premier pas n'allait pas partir de lui pour solliciter une occasion d'explication. Il s'était barré en attendant la suite à donner par la justice tchadienne.

Or, l'Ambassadeur de la République française qui avait échangé avec moi sous l'avion des voleurs, à la base de l'Armée française et devant la presse quand il avait essayé de réfuter les accusations dont son pays était l'objet, entrevoyait la tournure qu'allait prendre l'affaire s'il laissait faire comme telle : une exhibition des preuves impliquant l'Armée française dans ce grossier montage de rapt d'enfants. Il fallait contrecarrer la tournure que prenaient les événements ; la France ne doit pas être accusée !

Vu ma détermination, il sut qu'il fallait chercher ailleurs les moyens de contourner. Il allait vers le Président à Biltine pour solliciter son secours.

Est-ce que le chef d'Etat tchadien allait se plier pour contrecarrer l'action des plaignants sur une simple demande d'un ambassadeur pendant qu'il était traité de tous les noms par la presse de l'Etat français ?

Depuis sa déclaration, il était en train de subir le délire de la presse mondiale qui s'informait des sources françaises. Il était présenté comme un dictateur qui s'est éternisé au pouvoir. Est-ce que le monde se rendait compte du temps mis au pouvoir par ce Président après le vol des enfants ? Ce n'était pas une presse qui dénonçait la longévité des présidents africains au pouvoir mais une presse qui s'en servait d'arme de guerre pour mener la défense des voleurs de nos enfants, de nos ressources…

Les dénonciations de la Presse française sur le caractère dictatorial d'un président africain sont toujours intéressées. La France a cessé d'être un pays de principes et de la morale. Ce sont les Présidents africains qui l'avaient compris.

Il n'était pas évident que le Président Sarkozy décantât la situation en initiant le contact nécessaire avec le Président Tchadien. Car, ce dernier qualifiait la veille, des citoyens français de voleurs d'enfants au Tchad. Jusque-là, le Président français ne subissait aucune pression. Mais, la matinée d'Abeché était bien chaude et risquait d'alarmer la France. Il y avait urgence de prendre les choses en main au haut niveau.

L'ambassadeur avait noué le fil nécessaire. Le Président Sarkozy avait téléphoné au Président Deby. Alors, l'Ambassadeur était reçu à Biltine.

La machine nécessaire pour juguler cette affaire était mise en place. La première étape était de museler la presse.

Le soir, mon image passait à la télévision nationale. Mon visage était défiguré par des effets spéciaux et des jeux de lumières. Une raie qui faisait agiter mes joues traversait la figure, créant des crevasses. Mes gestes étaient amplifiés pour faire croire aux téléspectateurs que je délirais. La voix rauque n'émettait pas de phrases cohérentes. Pourquoi la rédaction a-t-elle laissé passer une telle image ? Il leur aurait été plus facile de ne pas projeter mon image au lieu de la faire subir toute cette transformation. Inutile ingéniosité d'une catégorie de journalistes du service public qui présentent des talents hors d'usage.

Le présentateur qui me prêtait sa voix, ne disait rien sur les accusations que j'ai portées contre la France pour l'action de son Armée ; rien sur la dénonciation du Gouvernement pour avoir caché la vérité aux Tchadiens.

La lâcheté du Gouvernement que j'ai dénoncée était-elle la seule cause de la censure ? Non. La suite des événements montre que la chose était prise en main pour, à la fin, que la France ne fut pas mise au banc des accusés quelle que fut la corrélation de l'Armée française avec les membres de l'Arche de Zoé.

L'effort du diplomate français avait été utile. Le réalisme du Président Tchadien aussi. Puisqu'il avait fait échec à la tentative du vol des enfants, il ne lui était pas utile de faire mesurer son pays avec la France pour avoir raison ; une telle raison n'existait pas dans ce monde où la justice internationale était la volonté des puissances.

De retour à N'Djamena, il était dans notre devoir de Députés que de rendre compte à l'Assemblée Nationale par un rapport de mission.

Réunis pour rédiger un tel rapport, nous ne nous étions pas entendus sur le contenu. Mais compte tenu de la gravité de l'événement et le montage médiatique qui l'entourait, la Conférence des Présidents avait jugé utile de débattre de ce sujet en séance plénière, même sans rapport.

La presse française qui vilipendait jusqu'à la visite des diplomates à Abéché, les sorties diffamatoires d'un dictateur contre des philanthropes, changea de fusil d'épaule. Elle cessa de s'insurger contre la déclaration du Président de la République du Tchad. Elle oublia d'évoquer le nom du Président tchadien dans cette affaire ; elle alla fouiner dans les intimités des membres de l'Arche de Zoé, des images compromettantes : des enfants dont les membres étaient bandés, juste pour faire croire que c'étaient des enfants blessés du Darfour que des philanthropes évacuaient, des simulacres de sang qui tachait les habits des enfants par des produits colorants, des déclarations intimes des membres de l'Arche de Zoé qui expliquaient comment ils procédaient pour tromper la vigilance des Tchadiens…

Ah ! La presse. C'était elle. La presse française diffusa les preuves accablantes du montage du vol des enfants tchadiens par des Français introduits sous l'habit de l'humanitaire. Mais, des citoyens français en délicatesse avec les règles légales étaient dénoncés. Pas la France ni son Armée.

Chacun trouvait son compte ; le président tchadien était rétabli dans son honneur. Sa déclaration toute opportune, faite devant une situation inacceptable, une déclaration de cœur qui exprimait la colère légitime de tout homme, de tout responsable politique, avait malencontreusement servi de prétexte à la presse française de critiquer en mal sa personne. Cette même presse revenait sur ses dires et diffusait les preuves matérielles en images et en audio, du vol des enfants. C'était une victoire pour lui et pour son gouvernement à travers l'action efficace des forces de police et de sécurité.

La diplomatie française et la France dont les ressortissants, avec l'aide et l'action visibles et vérifiables de l'Armée française, ont mené de bout en bout un des scandales les plus abjects qui fut, l'odieux vol des enfants des pauvres, étaient sauves. Cette France s'était sortie du bourbier sans grande casse. Il lui était suffisant de sacrifier pour quelques temps, la liberté des missionnaires dans les arènes de la justice tchadienne.

A l'Assemblée Nationale, la séance réunie pour écouter notre rapport de mission n'était pas retransmise à la Radio et Télévision Nationales. Pourtant, c'était l'exigence du Règlement Intérieur de l'Institution.

Comme les membres de la délégation des Députés ne s'étaient pas entendus sur un rapport, il était nécessaire que l'Assemblée Nationale écoute les deux versions :

Le doyen Ouchar Tourgoudi, Député de la circonscription d'Abeché, un homme sage et pondéré, présenta la première ; c'était également la version officielle du Gouvernement qui dit :

Que les membres d'une association française ont organisé un vol des enfants tchadiens. Ils étaient pris en flagrant délit. Ils étaient en prison en attendant leur jugement.

Je me faisais le porte-parole de la seconde version :

Qu'il s'agissait d'un vol d'enfants tchadiens certes, mais il n'était pas fait par les seuls membres de l'Arche de Zoé. Il était aussi l'œuvre de l'Armée française. L'action de l'Armée française est celle du Gouvernement français. J'ai profité du micro pour décrire tout ce que nous avions vu à Abeché : de l'avion des voleurs garé dans la base de l'Armée française, du trou percé dans le mur de ce camp, de la fabrication de l'échelle, du séjour des membres de l'Arche de Zoé dans la base militaire française jusqu'à ce qu'ils louent des villas en ville, du transport des matériels de l'Arche de zoé par l'aviation de l'Armée française…

Je concluais en disant que le Gouvernement tchadien taisait cette vérité par lâcheté, par crainte de dénoncer les actions néfastes du Gouvernement d'une puissance qui avait les moyens de coercition. En cachant cette vérité, nous risquions de rendre flou une situation aussi grave que le vol de nos enfants.

Un débat houleux était instauré à l'Assemblée Nationale. Beaucoup de Députés ont intervenu pour dire que le rapt organisé pour soustraire les enfants tchadiens n'est pas l'œuvre de la seule association. Certains ont affirmé que le chef d'équipe des voleurs était un pompier de l'Armée française…

Au-delà de l'affaire de l'Arche de Zoé, les députés tchadiens ont exprimé toutes les rancœurs vis-à-vis de l'Armée française au Tchad. Une Armée dont la présence était inutile ; une Armée nuisible au peuple, à l'environnement et à la sécurité des citoyens ; une Armée étrangère qui ne contribue pas au Budget National ; une armée qui ne paie pas des taxes ; une Armée qui use nos aéroports, et partant de là, surcharge le maigre Budget National. Une Armée dont le mouvement des avions sur le territoire national est hors de tout contrôle ! Une telle armée qui vole ce qui est le plus cher, nos enfants, ne sera-t-elle pas auteur d'autres maux ? Qui peut nous garantir que la France ne fasse pas de notre territoire, le dépôt de ses déchets toxiques ?

La France qui avait colonisé le Tchad, était également l'objet des critiques des députés tchadiens : un pays qui faisait croire qu'il aidait le Tchad ! Pendant soixante ans de colonisation et quarante-sept ans de coopération, rien ne prouve au Tchad que la France aide notre pays ; aucune réalisation concrète n'était visible. Par contre, la France vole le Tchad…

Des sujets connexes s'étaient introduits dans ce débat : où vont les enfants qui grandissent dans les orphelinats tchadiens ? Un député fit la remarque que ces lieux ne logeaient que de petits enfants. Il cherchait à témoin : « Si quelqu'un connait un adulte ou un adolescent sorti de ces lieux d'accueil. »

C'était une question pertinente qui nécessitait la mise en place d'une commission d'enquête. Elle n'a pas vu le jour jusqu'à la fin de notre législature. C'est une des missions inachevées de notre mandat de député.

Après les débats, nous, dénonciateurs de l'action de l'Armée française dans le vol des enfants tchadiens, avions présenté un projet de résolution. Ceux qui taisaient cette accusation aussi.

Malheureusement, je n'ai pas la copie de leur projet pour insérer dans ce livre. Ce qui aurait rehaussé la crédibilité de l'histoire. Le projet qui exprimait notre position est la suivante :

République du Tchad   *Unité-Travail-Progrès*

Assemblée Nationale

Proposition de résolution sur l'enlèvement des enfants d'Abeché :

Vu la Constitution ;

Vu le Règlement Intérieur de l'Assemblée Nationale ;

- *Considérant que la mission assignée à Children Rescue[6] n'est pas celle d'exporter des enfants vers l'Europe ;*
- *Considérant que la déportation frauduleuse des enfants est un crime imprescriptible ;*
- *Considérant l'implication active des forces française de l'Opération Epervier basée à Abeché ;*
- *Considérant que l'avion utilisé pour mener cette opération porte une immatriculation falsifiée (**T-FUZ** **mais non EC-GNT**) ;*

---

[6] Jusque-là, nous ne savons pas que l'Association est l'Arche de Zoé.

- *Considérant l'action efficace de l'Administration locale et des services de police et de sécurité qui ont déjoué cette tentative ;*

L'Assemblée Nationale, réunie en séance plénière le 30 octobre 2007 :

1- *Condamne cette déportation des enfants vers la France ;*
2- *Demande à la justice d'appliquer la loi dans toute sa rigueur, contre les auteurs et les complices (qu'ils soient étrangers ou Tchadiens) ;*
3- *Demande au Gouvernement :*
   a) *De confisquer l'avion porteur d'immatriculation frauduleuse ;*
   b) *De mettre en place un mécanisme de contrôle des mouvements et de chargement des avions de transport de l'Opération Epervier (Forces Françaises au Tchad) ;*
4- *Félicite l'Administration locale pour avoir déjoué cette tentative ;*
5- *Met en place une commission d'enquête parlementaire pour :*
   a) *Constater la manière dont Children Rescue (Arc de Zoé) a dénaturé sa mission ;*
   b) *Apprécier le degré d'implication de la force française de l'Opération Epervier basée à Abeché ;*
   c) *Appréhender la compréhension locale, le fait de confier des enfants à Children Rescue.*

L'Assemblée Nationale.

Signé : *les députés :*

1- *Ahmat Saleh Bodoumi ;*
2- *Mahamat Assafi Daoud.*

Après la lecture de deux projets de résolution, le Président de l'Assemblée Nationale, son excellence Nassour Guelendouksia Ouaidou conclut pour dire qu'aucune d'elles n'allait être adoptée et leva la séance en catimini.

C'était une situation inattendue voire impensable. Il était inconcevable que l'Assemblée Nationale se disperse sans une prise de position sur une situation aussi grave qu'était le vol des enfants. C'était un prélude de la suite de l'affaire.

La décision du Président de l'Assemblée Nationale était une conclusion d'autorité, un abus d'autorité. Car, dans une Assemblée Nationale, tribune d'expression des idées politiques, la seule autorité qui vaille est le vote. Il est possible que des cas de consensus soient nécessaires mais ils ne s'imposent pas par une décision ou par un ordre.

Les membres de l'Arche de Zoé, leurs collaborateurs tchadiens et les membres de l'équipage de l'avion espagnol étaient mis en prison. La justice tchadienne traitait leurs dossiers. Le délit était clairement constitué. Les preuves matérielles "exposées au grand soleil" comme on dit chez nous. La justice tchadienne condamna chaque accusé selon la gravité de son action. Des amendes et des compensations en dommages et intérêts ont été prononcées. Les condamnés n'ont pas fait d'appel. Car, ils ne pouvaient pas cacher l'évidence.

Mais, ce dossier n'était pas clos pour autant. Le Président de la République française, le pays des droits de l'Homme comme se plaisaient de dire certains intellectuels tchadiens, se mit au devant de la scène pour être le premier défenseur des voleurs d'enfants tchadiens. Il se donnait même un défi de les ramener en France quoi qu'ils aient fait. Ensuite, il atterrit à N'Djamena un dimanche.

Pour permettre au Président français de lever son défi, le Gouvernement tchadien trouva une parade : le transfèrement des prisonniers.

Le transfèrement est une action par laquelle un prisonnier quitte une prison pour une autre. Il ne remet pas en cause la chose jugée. Il est loin d'être un acte politique qui fait intervenir les Présidents de la République. C'est plutôt une affaire des juges et des geôliers de prisons. Le Président français a regagné chez lui accompagné de ses compatriotes jugés voleurs d'enfants et condamnés par la justice tchadienne.

La presse française faisait de cette action le mérite d'un président qui défendait les intérêts et l'intégrité des citoyens français. Pourtant, c'était moralement condamnable. Ce n'était pas une action qui fait intervenir un Etat respectable, fondé sur des valeurs morales. Il s'agissait d'une action en faveur des délinquants primaires, des voleurs d'enfants.

Tout laissait croire qu'il y avait une action gouvernementale française dans le vol des enfants tchadiens. Une action qui avait été l'objet d'un étouffement en faisant la pression, par presse publique interposée, sur le président de la République du Tchad. Quand la tournure des événements avait failli éclater l'implication de l'Etat français par l'exhibition des preuves sur la participation de l'Armée française, il avait été nécessaire de lâcher à la vindicte des Tchadiens, les fusibles, les membres de l'Arche de Zoé. Dès lors que toute cette agitation était finie, il fallait sauver les commandos. Quitte à ce que la France laisse des plumes et paie en termes d'honneur et d'orgueil d'une nation de valeurs.

Quand Sarkozy était venu au Tchad pour, disait-il, ramener ses compatriotes en France, les autorités tchadiennes, bien que la justice du pays avait condamné les délinquants, les lui remirent. Puisque la France se rabaissait au point de se mobiliser en faveur des voleurs d'enfants, elles ont eu le tact de les livrer sans problème. Elles étaient sages de ne pas mettre en balance notre pays avec toute la puissance française en termes médiatique, militaire, en Organisations humanitaires de renom…

Les organisations humanitaires et la presse sont aujourd'hui aussi redoutables qu'une arme en guerre (une armée debout) ; elles sont capables d'attribuer le titre de monstre à un saint et le faire condamner pour des crimes de génocide. De même, elles peuvent trouver des raisons justificatives à des massacres, des génocides intolérables si elles ne faisaient pas faire éclipser ces génocidaires dans les ténèbres de l'oubli.

Les Présidents africains qui s'éternisent au pouvoir ont compris mieux que quiconque que les puissances d'aujourd'hui ne sont pas simplement puissantes par la qualité des armes ou par la valeur de leur Armée ; il y a toute une panoplie qui porte le masque des valeurs : la presse, l'humanitaire, la démocratie… des choses qui perturbent la vie de la nation par leur influence sur les partis politiques locaux, les Associations satellites …

C'était un peu la raison pour laquelle, beaucoup de Présidents africains soignaient leur image auprès de ces tentacules des puissances qu'auprès de l'opinion de leur propre peuple. Les Tchadiens ne sont pas novices. Ils n'étaient pas non plus, des enfants de la dernière pluie ; ils ont usé leurs armes dans les méandres de la France-Afrique. Mais, jusqu'à quand allons-nous nous adapter à des situations pareilles ?

A travers cette affaire du vol des enfants tchadiens sous l'action des officiels français, la France se mettait à nue. Elle exposait ses parties honteuses pour cacher les actes ignobles des voleurs d'enfants des pauvres. Pour cacher aux autres ce qui se passait, sa presse officielle a été mise à contribution sans état d'âme. Les autorités françaises craignaient-elles que les voleurs condamnés au Tchad ouvrent la bouche pour refuser d'endosser seuls tout le fardeau ?

Demain, quand l'information en boucle touchera tout le monde à la seconde, quand la guerre se fera en drone, quelle sera la place de la morale, de l'humanitaire, du respect des droits de l'Homme ?

Epilogue

Les membres de l'Arche de Zoé ne sont pas allés en prison de leur transfèrement en France. Les juges français ont trouvé que le terme de "travaux forcés" contenu dans l'acte de condamnation de la justice tchadienne n'a pas cours en France.

Lors d'un séjour du Président tchadien en France, les condamnés bénéficièrent de la grâce présidentielle. Tout laisse croire que la grâce était une sollicitation de la France officielle qui se trouvait dans l'embarras : n'y a-t-il pas une affaire qui met l'exécutif français dans un dilemme ? Qu'est-ce qu'on a cédé au Président tchadien pour qu'il gracie des délinquants primaires, des voleurs d'enfants en France ?

Mais, la grâce présidentielle n'efface pas les dommages et intérêts prononcés par la justice tchadienne en faveur des enfants et de leurs parents. Avant que cette affaire soit clarifiée, les principaux commandos français voleurs d'enfants partaient en Afrique du Sud, loin des tergiversations des juges français, pour des vacances méritées. Etaient-ils sollicités pour créer un vide qui allait servir d'alibi en attendant de trouver une parade justificative à l'embarras de la justice ?

Le comble d'ironie était le fait que le Tchad payait des avocats français pour défendre les intérêts des victimes. Que vaut la valeur du transfèrement ? La valeur de la chose jugée ?

Finalement, les principaux voleurs d'enfants étaient condamnés à deux ans avec sursis.

Le sursis veut dire que les voleurs d'enfants tchadiens ne méritent pas d'être mis en prison. Qu'est-ce qui peut être plus grave que le vol des enfants pour que la justice française prive de liberté ? Dès lors qu'il y a condamnation, il y a reconnaissance de faute.

La justice française comprenait les voleurs d'enfants tchadiens comme elle avait compris les militaires français qui avaient assassiné Firmin Mahé de la République de Côte d'Ivoire.

La compréhension de la justice française ?

L'histoire de Firmin Mahé, activiste ivoirien mérite une petite digression : c'était aux moments chauds de ce pays plongé dans un conflit postélectoral. Firmin Mahé haranguait la foule contre les ingérences de l'Armée française en faveur de la partie adverse. Ciblé, il fut extrait de la foule et maîtrisé par l'Armée française. Celle-ci enferma le prisonnier dans un véhicule blindé. Elle informa son Etat-major de la nouvelle de l'arrestation de l'activiste, pour conduite à tenir.

La section de l'Armée française reçut l'ordre de ne pas emmener vivant mais d'exécuter le civil Firmin Mahé qui était un prisonnier inoffensif.

Pour exécuter l'ordre, l'Armée française choisit la méthode

de l'étouffement par sac plastique. Ainsi, Firmin Mahé était tué dans un blindé de l'Armée française.

C'était un acte ignoble. Il est condamné par la Convention Internationale des Droits des Prisonniers que la République française avait paraphée. Aucune Armée qui se respecte ne peut se permettre de le commettre. Un militaire ne peut exécuter un tel ordre s'il n'est pas réquisitionné.

Le cas de ce Firmin aurait passé inaperçu, comme tous les crimes sur des civils de ce pays commis et par l'Armée française et par les miliciens de deux parties en conflit. Mais, l'exécution de Mahé s'exposa au grand jour. La justice française s'en était saisie. Elle écouta les militaires criminels. Ceux-ci reconnurent leur forfait ; ils firent, sans retenue, la description de la manière dont ils ont procédé pour faire passer de vie à trépas le civil prisonnier. C'était horrible. Mais la justice française les a condamnés avec sursis ; cela veut dire que les assassins de Firmin Mahé, monstres et violeurs de la Convention Internationale qui protège les prisonniers, ne méritaient pas d'aller en prison. La justice française comprenait les raisons des assassins et de leur hiérarchie.

Peut-on continuer à taire les actes d'une justice qui défend la cause nationale française ? Jusqu'à quand allons-nous nous taire devant les délibérations d'une telle justice ? L'assertion qui dit qu'"on ne commente pas un acte de justice" est un paravent qui sert la justice à la solde des gouvernements, des politiques. Une telle justice est injuste. Elle doit être dénoncée et condamnée comme telle.

Groupes d'amitié au sein de l'Assemblée Nationale

Le Règlement Intérieur de l'Assemblée Nationale prévoyait la création des groupes d'amitié avec des pays tiers. Comme toute institution nouvelle qui s'installe, l'Assemblée Nationale tchadienne n'avait pas une longue expérience parlementaire. C'est une habitude qui rentre dans le cadre de la diplomatie parlementaire. Toutes les Assemblées parlementaires ont des groupes d'amitié avec les autres pays du monde.

Un groupe d'amitié est appelé à représenter le Tchad devant des partenaires étrangers. Il rentre dans le cadre de la diplomatie. Qui dit diplomatie fait référence à certains concepts qui la caractérisent : la réciprocité, la convenance, les intérêts stratégiques des Etats, le respect des mœurs fondatrices des communautés qui composent les Etats partenaires… L'Assemblée Nationale doit mesurer la portée de ces concepts pour installer la base de la diplomatie parlementaire tchadienne.

La procédure de la mise en place des groupes d'amitié n'était pas clairement définie par les textes réglementaires de l'Institution. Alors, les députés s'inscrivaient dans les différents groupes d'amitié selon le choix de chacun.

Parmi les groupes d'amitié créés, ceux avec certains pays

contenaient plus de la moitié des membres de l'Assemblée Nationale. Certains députés s'étaient même inscrits dans presque tous les groupes créés.

Comment est-il concevable qu'une cinquantaine de députés se réunissent dans un groupe et être des homologues de trois ou quatre députés d'un pays tiers ?

La pléthore était déjà un signe de déconsidération, de dévalorisation de notre pays. Elle créait une ambiance malsaine qui touchait l'honneur du citoyen.

Généralement, un ambassadeur accrédité dans un pays, au-delà de sa fonction officielle, cherche à prendre contact avec ceux qui incarnent un centre d'intérêt de son pays. Il est indéniable que tout ambassadeur prenne contact ou reçoive les Députés, membres du groupe d'amitié avec son pays.

Quelle inconséquence pour un diplomate, de recevoir des dizaines de Députés ! Quelle gymnastique ! Quel protocole !

Peut-il se hasarder à faire des choix parmi les élus ? Peut-il recevoir quelques uns et laisser les autres ? S'il faisait un tel choix, il serait vu comme sectaire. Un ambassadeur évite généralement d'être traité de certaines préférences basées sur les régions, les ethnies, les croyances…

Quelle interprétation peut-on donner à la notion de groupe d'amitié si certains Députés sont membres de tous les groupes ? Et, que signifie l'appartenance d'un député à un groupe d'amitié avec un pays étranger ?

Le député s'engage à représenter son pays dans sa réalité auprès des homologues, des partenaires... d'un pays ami avec lequel il a plus de connaissance en langues, en relations... ou que ce pays a plus d'intérêt avec le Tchad qu'il croit contribuer à faire pencher en notre faveur. En cas de besoin, le député peut édifier les amis sur les motivations de son parti qui a choisi telle politique et non telle autre. Il peut faire un plaidoyer adéquat en utilisant ses atouts particuliers.

C'était la raison qui avait motivé mon inscription dans le groupe d'amitié avec la France ; un pays avec lequel le Tchad avait beaucoup d'intérêts : économiques, sécuritaires, culturels... un pays dont je maîtrise la langue.

Quand le groupe s'était réuni pour la première fois, le constat remarquable était le nombre pléthorique des membres. Toutefois, nous étions parvenus à mettre en place un bureau.

Pour la courtoisie, Son Excellence, l'Ambassadeur de France au Tchad convia tous les députés membres du groupe d'amitié Tchad-France, à une réception à sa résidence, à l'occasion de la venue d'une délégation parlementaire de son pays.

La délégation était composée de quatre parlementaires français. L'invitation était également l'occasion aux parlementaires français de prendre contact avec leurs compatriotes résidents à N'Djamena.

Dès la phase des présentations, plusieurs députés tchadiens s'empressaient pour afficher des particularités qui les liaient à la République française. Les uns faisaient valoir les services rendus d'un père ancien combattant ou commis de la France coloniale ; tel autre, une médaille d'un chef de canton ou autre collabo…

Et moi dans l'exhibition de toute cette bassesse ? Et le Tchad ? Notre République souveraine. Quelle représentativité affichions-nous devant nos homologues français ?

De la présentation aux discours préliminaires, nos vis-à-vis semblaient prendre l'ascendance devant des représentants tchadiens complexés : ils nous sous-estimaient à vue d'œil ; ils ne faisaient pas cas du Tchad. Quand ils faisaient allusion à nous, ils citaient l'Afrique.

Pensaient-ils que les Africains étaient assez unis pour parler du continent dans sa globalité sans évoquer de nos morcellements étatiques ? Le morcellement était l'œuvre des colons, leurs parents. Leurs gouvernements pesaient de tout leur poids pour bloquer l'union souhaitée par les Africains ;

Ils n'imaginaient pas à tout cela : dès lors qu'ils trouvaient des Tchadiens dans le besoin d'une reconnaissance des liens dont ils n'accordaient aucune importance, les homologues français se plurent à les ignorer tout simplement pour s'occuper des choses tangibles qui préoccupaient les Français.

De retour à l'Assemblée Nationale, j'ai fait savoir mon indignation à mes collègues. Puis, j'ai déposé ma démission du groupe d'amitié que j'ai transmise au Président de l'Assemblée Nationale. Ci-après le contenu :

Député Ahmat Saleh Bodoumi

A Monsieur le Président de l'Assemblée Nationale, N'Djamena.

Objet : Demande de retrait du groupe d'amitié Tchad-France

Monsieur le Président

A mon entendement, faire partie d'un groupe d'amitié d'un pays, pour un Député tchadien est un engagement, une interface du Tchad vis-à-vis des homologues, des partenaires d'intérêt avec qui il y a lieu de jouer le rôle de la diplomatie parlementaire.

Comprenant ainsi le rôle de membre d'un groupe d'amitié, je me suis inscrit dans celui qui nous lie avec la France, pays qui, selon moi, a plus de rapports d'intérêts avec le Tchad.

Malheureusement, la pratique actuelle à l'Assemblée Nationale montre que le groupe d'amitié avec un pays étranger est un regroupement de députés amis dudit pays, ceux qui sont sensés défendre ses intérêts (j'assume la gravité de mes propos).

Par ailleurs, il est inconcevable que la moitié de Députés du Tchad se réunissent dans un groupe d'amitié avec un seul pays !

Il est inefficace que le même Député soit membre de tous les groupes d'amitié de notre pays.

Excellence, Monsieur le Président de l'Assemblée Nationale, il y a lieu de clarifier le concept de membre d'un groupe d'amitié et ce, pour l'intérêt et l'image du Tchad.

En attendant, je présente mon retrait du seul groupe d'amitié dans lequel je me suis inscrit.

Fait à N'Djamena, le 05 Janvier 2010.

Signé : Ahmat Saleh Bodoumi.

Le Président de l'Assemblée Nationale classa ma démission : il n'a pas osé la diffuser. Il n'a pas mis, non plus, à l'ordre du jour l'objet de ma réaction, dans les instances prévues.

Jusqu'à la fin de la législature, l'Assemblée Nationale a pataugé dans l'ambiance de gêne créée par nos groupes d'amitié.

C'est un défi à relever pour préserver l'image de notre pays. Pour mériter le respect des autres, la Représentation Nationale doit se respecter.

Dons et Legs dans le Budget National

Le Tchad était pauvre. Le budget annuel du pays, dons, aides, legs et subventions, investissements et consommation inclus, n'avait atteint un milliard (1.000.000.000) de Dollars américains ou un demi-milliard d'Euro (500.000.000) qu'après l'exploitation du pétrole de Doba.

La population tchadienne était exposée à la famine, à la malnutrition, à la dénutrition, au manque d'eau potable, aux maladies épidémiques ou endémiques, à l'analphabétisme...

Cet état de fait attirait l'attention des peuples magnanimes de certains pays nantis d'Europe, d'Amérique, d'Asie... qui octroyaient des aides.

Certains Gouvernements et Institutions internationales canalisaient ces dons de cœur. Ils soumettaient leur octroi ou leur décaissement à des conditionnalités bien précises.

Parmi ces dernières, il y avait ce que les spécialistes appellent la politique de l'aide. Je ne m'attarde pas sur cet aspect dans ce livre. Mais, toute une pression était faite par les puissances donatrices sur les pays pauvres.

A travers cette politique, des malins s'introduisent pour faire retourner une partie des aides en faveur des entreprises, des officines ou des partis politiques des pays nantis sous la forme d'expertise technique et autres astuces

; une autre partie servait à corrompre des acteurs locaux…

Toutes les aides n'empruntaient pas les mêmes canaux pour toucher les nécessiteux ; certaines aides et certains dons venaient dans nos pays par le canal des Organisations Internationales, d'autres par des Organisations Non Gouvernementales (ONG) et d'autres encore par des circuits bilatéraux.

Certains de ces dons et legs étaient annoncés d'avance. On les inscrivait dans le Budget National qui se votait chaque année par l'Assemblée Nationale.

Depuis toujours, les Gouvernements de la République du Tchad étaient indexés comme des mauvais gestionnaires de la chose publique. Il en était de même pour la gestion des aides et des dons. L'attribution de ce mauvais label était l'œuvre de quelques pays donateurs qui avaient besoin d'un moyen de pression sur l'Exécutif de notre pays, et par l'intermédiaire de certaines Organisations intéressées. On peut épiloguer sur les motivations des uns et des autres ainsi que sur la gestion de nos gouvernants. Mais, une évidence s'imposait : les recettes publiques constituées pour l'essentiel des recettes douanières étaient pratiquement insignifiantes devant les besoins parfois incompressibles du fonctionnement d'un Etat comme le Tchad. Un Etat souvent objet de soubresauts inattendus, un pays en guerre récurrente contre des rébellions, un pays dont le Budget National était insuffisant pour la paie des salaires de ses soldats sur la base de l'indice, de l'ancienneté ou de grade ; une situation qui fait vivoter les familles des militaires et qui fait apparaître, entre autres, des barrières anarchiques, le phénomène de coupeurs de route…

Un pays dont les fonctionnaires se retrouvaient dans un système qui bloque les avantages liés à l'avancement, au reclassement… nous rappelons que la politique de l'Ajustement Structurel proposée par les Institutions de Breton-Woods avait passé par le Tchad ;

Un pays enclavé, sans ouverture maritime, et qui n'est pas lié à ses voisins par un réseau de chemins de fer ; un pays dont les routes qui le lient avec les pays voisins étaient en terre battue ; faisant ainsi du transport des marchandises un calvaire soumis à tous les aléas. A cause des difficultés du transport, les recettes douanières étaient également aléatoires. Ce qui faisait que le trésor public, caisse unique du pays, était souvent vide.

Compte tenu des difficultés récurrentes du Trésor et de l'unicité de la caisse publique, les donateurs ont exigé et obtenu la gestion des aides, des dons et des legs par une structure externe ; ainsi, un nouveau circuit de gestion des fonds était monté au Tchad. Dorénavant, les dons, legs… ne passaient pas par le trésor public, caisse unique du Tchad.

Des Organisations Internationales proposaient des gestionnaires qui, ensuite, étaient recrutés par le Ministère du Plan et de la Coopération de la République du Tchad. Ce Ministère devenait ainsi un tour de passage qui cautionnait la gestion de ce budget. Pourtant, il n'a ni les compétences ni la qualité légale, encore moins, le personnel et les structures de contrôle qualifiés à la gestion comptable. Tous ces manquements dudit Ministère étaient comblés par les partenaires étrangers affiliés aux donateurs.

Il s'était ainsi créé des structures de gestion des projets qui opéraient en dehors du circuit de contrôle public prévu par la loi.

Une classe de fonctionnaires, gestionnaires des projets, s'était constituée au Tchad ; c'étaient des spécialistes des séminaires, habitués au discours convenu et politiquement correct, trahis parfois par des tics, leur langage était sophistiqué. Ils étaient des voyageurs aguerris et toujours en quête d'expériences, dit-on. Ils savaient répondre aux questionnaires des partenaires et remplissaient convenablement les rapports.

L'expérience et la pratique ont montré que la réalisation de l'objet du projet qu'ils cogéraient avec le partenaire, en faveur des bénéficiaires, était le moindre des soucis : ni le partenaire qui gérait les dons ni les gestionnaires tchadiens, chefs de projets ne cherchaient l'impact de son action en faveur des bénéficiaires. Puisque les gestionnaires savaient que la grande partie du fonds alloué retournait aux donateurs avec leur complicité, ils augmentaient souvent les rubriques du budget qui visaient leur part en intérêt personnel ou en intérêt du groupe. Etant recruté sur proposition du bailleur, la complicité du fonctionnaire avec le bailleur entrait, dès la conception du projet, dans les paramètres de sa réalisation au Tchad.

La nouvelle méthode de gestion des dons, découlait des accords de l'Etat tchadien avec des Organismes étrangers, des accords qui ont rang de convention. Elle échappait aux contrôles d'usage.

L'Assemblée Nationale qui budgétisait chaque année la rubrique des dons, des aides, des legs et des subventions, ne contrôlait pas leur gestion. La section comptable de la Cour de Comptes non plus parce que ces fonds n'entraient pas dans les caisses du Trésor public ; encore moins le Ministère du Contrôle d'Etat et de la Moralisation. Donc, personne au Tchad parmi les structures assermentées, ne donnait le quitus pour un constat de bon usage des fonds du FED, du PNUD, de l'UNICEF, du Programme Anti-Sida, de l'AFD…

Je souriais quand le Président de la République française, Son excellence Jacques Chirac, intervenait à la tribune des Nations Unies : il demandait que le monde mobilise plus d'aides en faveur des pays pauvres. Il y a des pays intermédiaires entre les donateurs magnanimes et les pauvres. Ces pays utilisent les aides à des fins de pression politique sur les gouvernants des pays pauvres.

La gestion parallèle de ces dons, legs, subventions et aides créait un disfonctionnement dans la tenue de la comptabilité publique du Tchad. En effet au Tchad, dans l'organisation de la gestion financière du pays, le Ministre des finances est le gestionnaire et le comptable public. Ce sont les agents de son Ministère qui doivent répondre devant la section comptable de la Cour Suprême pour avoir le quitus. Ils produisent les éléments constitutifs de la Loi de règlement que l'Assemblée Nationale vote. L'Assemblée Nationale vote la loi de finances en s'inspirant de ladite loi.

Il y a quelques fonctionnaires du Ministère des Finances qui ont un pouvoir particulier, selon la loi 11/1962 :

Le Directeur du Contrôle Financier est chargé de veiller sur la régularité des dépenses publiques. Sa signature vaut engagement de l'Etat.

Le Trésorier Payeur Général est pécuniairement responsable de la caisse de l'Etat. Il est soumis à l'obtention d'un quitus.

Or, depuis que le Ministère du Plan cautionne la gestion des aides, le Comptable Public, le Ministre des Finances et ses agents assermentés ignorent la gestion de cette partie du Budget. Le Comptable Public n'a géré qu'une partie du Budget Général ; celle qui est passée par le Trésor Public. Ce qui fait qu'il ne peut pas présenter la Loi de Règlement portant Budget Général de l'Etat prévue par la loi 11/1962. Cette loi qui régit encore la gestion publique dans le pays en termes des finances et de la comptabilité ne prévoit pas l'adoption de loi partielle de règlement.

Je faisais partie de ceux qui se sont opposé à l'adoption des lois de Règlement sur une partie du Budget National. J'ai maintenu cette position de principe jusqu'à la fin de la législature. Ceci, malgré l'inconfort dans lequel mon statut de député de la majorité qui gouverne, me plaçait.

Je faisais tout cela, contre vents et marées, parce que je pensais qu'il faut responsabiliser les Tchadiens et punir quand ils sont indélicats dans l'orthodoxie de la gestion de la chose publique. Car, les voleurs tchadiens sont contrôlables. Ils peuvent être identifiés. La preuve est que les fonds de l'initiative en faveur des Pays Pauvres Très Endettés (PPTE) gérés par des Tchadiens indélicats qui avaient facturé des brancards à un million de francs Fcfa l'unité, sont connus et peuvent être punis. Par contre, les milliards alignés dans les rapports de l'Union européenne, de l'AFD, du Fed… pour des réalisations insignifiantes, parfois inexistantes au Tchad, restent invérifiables. Ces Coopérants dits "techniques" bénéficiaires des gros salaires, de missions multiples, certains de leurs bureaux d'études ou de surveillances passaient des mois avant que l'objet pour lequel ils sont recrutés ne connaissait un début, greffaient drastiquement le budget des dons. Ils justifient difficilement la contrepartie en termes de réalisations ou du travail effectif. Dans la plupart des cas, il n'était absolument pas nécessaire de recruter de coopérants techniques.

Ceci dit, le hic se trouve dans l'impossibilité d'effectuer un contrôle tchadien.

Le combat que j'ai mené, que je n'ai pas gagné et que je laisse inachevé à d'autres Tchadiens est le suivant : il faut faire revenir toutes les recettes budgétisées dans la caisse commune qui est le Trésor Public. Dons et legs compris. Ce qui responsabilise les Tchadiens. Il faut faire en sorte que les mauvais gestionnaires soient punis.

Cela empêche le retour des aides vers des officines, des partis politiques ou des individus véreux des pays nantis.

C'est un combat qui mérite d'être mené mais, sachez qu'en face, vous avez tout un système international qui tire de gros profits économiques, culturels ou d'influences politiques. Il est monté pour gagner en infantilisant le Tchadien.

C'est possible de gagner ce combat aujourd'hui ; car, le Tchad a des recettes sûres qui sont les revenus du pétrole. Les Tchadiens d'aujourd'hui ne se trouvent pas dans les mêmes contraintes que ceux qui ont accepté la mise en place de ce système bancal. La politique étant l'art de faire les choix difficiles et contraignants, les responsables tchadiens d'antan étaient peut-être contraints d'accepter les exigences des donateurs. Aujourd'hui, le Tchad peut faire des choix. Alors, debout et l'ouvrage ! Il est capital de noter que toute délinquance financière, s'appuyant sur des mécanismes frauduleux, se doit de finir un jour.

Au Burkina Faso, Sankara avait gagné ce combat. Il a exigé que toute aide et tout don destinés au peuple burkinabé passent par le Trésor Public. Et, ils doivent être gérés et contrôlés par les Burkinabé.

Les engagements non tenus des partenaires

et les perturbations induites

Depuis quelques années, il y a des Organisations Internationales telles que la Banque Mondiale (B.M), le Fond Monétaire International (F.M.I) ou certains pays nantis qui prennent des engagements en faveur des pays pauvres. Le Tchad en fait partie.

L'Assemblée Nationale inscrivait ces promesses dans le Budget National en prévision de recette de l'année. Elle prévoyait également des dépenses dans les différents Ministères.

Le Gouvernement tchadien, une fois le budget voté, autorisait les dépenses permettant aux Ministères de les engager. Des biens ou services étaient ainsi consommés.

Souvent, les promesses des Institutions Internationales n'étaient pas tenues ; car subordonnées à des conditions que le Gouvernement ne pouvait pas tenir.

Les Ministères inondaient le Trésor en bons de paiement. Le Trésor s'essoufflait faute de recettes correspondant à toutes les dépenses engagées.

Pour désengorger le Trésor, des artifices étaient utilisés en amont : on bloquait les bons de caisse dûment mandatés ; on faisait jouer la faculté du Ministre des finances, seul juge de l'opportunité de paiement. Celui-ci subissant la pression de toute part. Il déléguait ce pouvoir à certains de ses agents.

Ainsi, le Trésorier Payeur Général, le Directeur du Contrôle Financier, celui du Budget, le Directeur Général du Trésor…, tous jouaient ce rôle.

De fil en aiguille, tout le circuit de la dépense devenait un lieu de jugement d'opportunité du paiement de la dépense, un niveau capable de procéder au blocage des dossiers en règle.

Des fonctionnaires qui n'avaient que le rôle de contrôleur de la régularité de la dépense devenaient des juges de l'opportunité de la dépense. Ils pouvaient bloquer les dossiers des commerçants, tout à fait conformes aux règles légales qui régissaient la dépense publique. Chaque fonctionnaire du circuit de la dépense, pouvait choisir les dossiers qu'il désirait laisser passer. Le fonctionnaire anonyme devenait le juge d'opportunité.

De cette manière, une relation indue se créait entre les fournisseurs de l'Etat et les fonctionnaires du circuit de la dépense. Le commerçant faisait passer son dossier par le paiement des sommes indues. Une corruption banalisée instaurait ainsi à tous les échelons de la dépense, un système parallèle voyou.

Le commerçant, dans la logique de l'entreprise qui investit pour gagner, surenchérissait la facture qui prenait en compte le prix des marchandises fournies ou des services effectués et la part destinée à corrompre les fonctionnaires.

Une nouvelle raison d'augmentation des prix des biens et services au Tchad.

A l'épreuve des faits, même si l'accusation est grave, il est aisé de constater que les promesses non tenues des partenaires avaient introduit la forme la plus vicieuse de corruption dans la gestion de la chose publique et à des échelons les plus basses de la dépense. Le cynisme aidant, en fin de compte, que l'aide au développement devienne une aide au sous-développement.

A Helsinki, j'étais invité par le réseau des Parlementaires des pays de la Banque Mondiale en 2007, sur le thème des aides et des dons octroyés aux pays pauvres par les pays nantis. Une question se posait à ce forum des parlementaires du monde. Ceux des pays qui donnaient se demandaient pourquoi l'aide qui augmentait d'année en année n'améliorait pas la vie des pauvres ? Pourquoi les pays qui recevaient le plus d'aides étaient les plus corrompus ?

Cette année-là, le Tchad était le pays le plus corrompus au monde selon Transparency International. Pourtant, le Tchad avait un budget annuel de moins d'un milliard de dollars américains. Un budget annuel inférieur à celui de la voirie urbaine de la plupart des grandes villes du monde (Paris, Tokyo, News-York...)

Etant ressortissant du pays le plus "sale", j'ai démontré comment la Banque Mondiale et le FMI ont introduit la corruption primaire au Tchad. J'ai profité pour dénoncer l'aide soumise à des conditionnalités qui imposait des conduites anachroniques n'ayant pour but que de maintenir la pauvreté dans nos pays.

La session suivante qui se tenait à Cape Town en Afrique du Sud, la Représentation de la Banque Mondiale au Tchad qui prenait en charge le transport des députés membres du Réseau Mondial des Parlementaires, refusa de payer mon billet bien que j'avais reçu l'invitation des responsables du Réseau. Seuls, les titres de voyage de mes collègues étaient acceptés par la Représentation de la Banque Mondiale au Tchad. Comme quoi, même la Banque Mondiale défendait son image ternie par ceux qui cherchaient un intérêt particulier sous couvert de principes nobles, au nom de l'aide aux pauvres dégagée par des peuples magnanimes. Un billet était peu de chose pour me faire taire.

La corruption banale, la plus dangereuse pour la société à cause de son caractère qui côtoie au quotidien le citoyen lambda, est celle du petit fonctionnaire. Elle gène le petit peuple, l'homme juste et intègre qui gagne sa vie à la sueur de son front. Elle gangrène le circuit de la dépense. Elle disparait quand le Budget National ne prend en compte que des prévisions de recettes fiables. Cela fait du fonctionnaire ordinaire un agent vérificateur de la régularité et non l'opportunité de la dépense.

La grande corruption qui touche le rang du politique dépend du régime au pouvoir. Son élimination ne pose pas beaucoup de problèmes. Il suffit d'une volonté politique.

L'approche politique du Contrôle de l'Action gouvernementale

Le peuple tchadien ne se réunit pas pour prendre des décisions qui touchent la marche de la nation. Il se fait représenter par des députés élus sur la liste des partis politiques. L'élection des députés indépendants n'est pas admise au Tchad. C'est une interprétation de l'article 4 de la Constitution qui dit : « Les partis et les groupements politiques concourent à l'expression du suffrage. Ils se forment librement et exercent leurs activités dans les conditions prévues par la loi et dans le respect des principes de la souveraineté nationale, de l'intégrité territoriale, de l'unité nationale et de la démocratie pluraliste. »

L'Assemblée Nationale agit au nom de tous les Tchadiens. Les questions non traitées par voie référendaire sont examinées par elle : le vote des lois qui régissent la nation, le contrôle de l'action du Gouvernement, la déclaration de guerre ou l'envoi des troupes tchadiennes à l'étranger rentrent en partie, dans ses prérogatives.

Ces élus qui ont un mandat de quatre ans, constituent l'Assemblée Nationale. C'est une tribune où s'expriment librement les idées politiques. Elle vote les lois et contrôle l'action du Gouvernement. Par le vote du budget annuel, elle fixe la levée des recettes publiques et autorise les dépenses correspondantes. Cela fait que le pouvoir exécutif fonctionne avec l'aval de l'Assemblée Nationale qui lui donne les moyens d'action. Tout gouvernement s'exerce avec le soutien d'une majorité de députés de la nation.

Le parti politique qui accrédite un candidat à la députation attend de lui le soutien de son programme politique. Etant élu dans une circonscription donnée, ses électeurs attendent une représentativité active, soucieuse des problèmes locaux et prompte à réagir contre toute action en leur défaveur. En fait, concrètement, les électeurs demandent à leurs représentants ce qu'ils devraient attendre du Gouvernement qui gère le pays. La vie politique du Tchad fait porte encore les stigmates du passé ; notamment dans le rapport entre le gouvernement et le citoyen tchadien. Le Tchadien n'attend rien du Gouvernement, qui, selon lui, n'a pas des comptes à rendre comme au temps de la colonisation. Si le Gouvernement faisait des réalisations, on le prend pour une gentillesse, une faveur et on loue dûment.

Au Tchad, la colonisation d'abord et le parti unique par la suite, n'ont pas permis à la majorité des Tchadiens d'être ou de se croire citoyens de la République, soucieux de la gestion de la chose publique et respectueux des lois. Ils étaient de tout temps représentés aux instances publiques, par des hommes et des femmes choisis sur d'autres critères que le programme politique (l'ethnie, la chefferie, la préférence des gouvernants etc.) que l'objectivité d'un programme politique.

Dans ces conditions, le contrôle politique de la gestion de

la chose publique qu'exerce l'Assemblée Nationale n'est pas du tout facile. D'abord, le pays est géré par un gouvernement qui a une majorité à l'Assemblée Nationale. Le parti au pouvoir fournit la plupart des gestionnaires, auteurs des malversations et des indélicatesses. Pour déclencher un contrôle de la Représentation Nationale, il faut l'aval de la majorité.

L'expérience de l'Assemblée Nationale tchadienne montre que l'appartenance à la majorité ne signifie pas l'accord automatique à la gestion du Gouvernement ou la caution à toute sorte de gabegie. Car, aucun parti politique n'est fondé sur des bases qui encouragent la tricherie, le vol ou le gaspillage des biens publics. Les hommes et les femmes qui adhèrent à ces partis ont des principes, agissent sur des idéaux du parti. Ils n'acceptent pas généralement que l'effort collectif de l'ensemble de partisans soit accaparé par une clique de voleurs, de pillards des biens publics. C'est pourquoi, il y a une nécessité d'avoir une Assemblée Nationale dans un pays. Car, les élus de tout bord se soucient de la gestion de la chose publique. L'assainissement de la gestion des biens publics est un appui évident pour la réalisation du programme d'un élu. Il est généralement le plus grand souci d'un Président de la République qui est également un élu et dont le programme détermine le destin du pays.

Mais, l'approche du contrôle diffère ; étant membre dans beaucoup de commissions de contrôle (STEE gestion VIVENDI, le Collège de Contrôle et la surveillance des revenus pétroliers…) j'ai gardé en leitmotiv une approche simple : une malversation, un auteur. Ce qui veut dire que quand le contrôleur découvre une malversation, il se donne l'obligation d'identifier le mauvais gestionnaire.

Cette approche est combattue au Tchad et par l'opposition politique et par les gestionnaires indélicats ; l'opposition qui fait un contrôle politique des gabegies du régime n'a pas besoin des individus indélicats mais d'un régime indélicat. Dès lors qu'une malversation financière est prouvée, l'opposant veut rendre publique l'action. Il laisse des fuites distillées pour orienter l'opinion nationale ou internationale. Il n'attend pas des preuves qui orienteront le juge. Pour lui, l'auteur principal du vol est le régime représenté par le parti au pouvoir ou par le Président de la République. Si les auteurs sont identifiés, il n'aurait pas des arguments pour vilipender le Chef de l'Etat ou le Gouvernement. L'expérience montre que l'opposant contrôleur est plus enclin à s'entendre avec le gestionnaire indélicat.

Par ailleurs, le voleur a souvent des appuis dans la majorité au pouvoir. Ces appuis du pouvoir et les députés opposants laissent seuls les députés intègres qui se soucient de la marche du pays à travers des Institutions qui traquent le voleur, appliquent la loi, se soucient de la bonne gestion de la chose publique.

Les gestionnaires, les voleurs n'aiment pas être identifiés. Souvent, ils ont les moyens du parti. Dans le parti, par la prébende distribuée, ils s'imposent et créent une clientèle. Ainsi, le contrôle qui crédibilise le régime, dont j'ai épousé l'approche, était combattu par des militants du mon parti, généralement ignorants de véritables enjeux. Mais, cela vaut le coût. Le voleur a peur plus que quiconque puisqu'il a toujours quelque chose à cacher. C'est un combat qui mérite d'être mené par les députés du parti au pouvoir sinon, tout l'effort collectif des militants du parti au pouvoir se dénature et se ternit par l'action d'une petite clique de voleurs qui gardent les instances du parti par la distribution des prébendes volées. Pour créer les conditions d'une saine gestion de la chose publique, l'Assemblée Nationale où il y a une majorité parlementaire, ne doit pas compter sur l'apport de l'opposition dans son action de contrôle de l'action gouvernementale. Le parti au pouvoir a intérêt d'assainir la gestion du pays plus que l'opposition.

Domaines étrangers sur le territoire tchadien

Dans les années 1990, les Libyens avaient entrepris la clôture des espaces dans la capitale et dans les autres villes du Tchad. Des interrogations pleuvaient de partout : « A qui appartiennent ces bâtisses ? Font-ils tout cela au profit des Tchadiens ? Sont-elles des aides ? » Rien ne le laissait croire.

« S'agit-il des citoyens libyens qui viennent investir dans notre pays ? » Ce n'était pas évident dans la mesure où ces investissements ne semblaient pas générer de profits immédiats. Alors, « qui investit dans le foncier au Tchad ? » La réponse était dans les indiscrétions : « C'est l'Etat libyen qui achète des bâtisses et des terrains au Tchad. »

L'aéroport International de N'Djamena servait depuis quelques décennies, de terrain d'exercice aux avions supersoniques de l'escadrille de chasse de l'Armée française. Ces avions usaient exagérément les pistes d'atterrissage entretenues par l'ASECNA (Agence pour la Sécurité de la Navigation Aérienne en Afrique et à Madagascar) sur le quota des investissements faits au Tchad.

Dans la même période, la population se plaignait du bruit intempestif des Jaguars ainsi que de la pollution. Les désagréments des avions militaires poussaient les victimes tchadiennes à dire à haute voix leur ras-le-bol : les populations de la capitale tchadienne vivant des quartiers Goudji, Klemat, Gozator, Hillehudjadj signalaient des cas d'avortement, d'insomnie et d'autres crises provoquées par les avions de guerre qui ouvraient à fond en pleine agglomération, les baffles émettant un bruit assourdissant.

Les plaintes de cette population victime n'aboutissaient nulle part. On mettait en avant l'existence des accords entre Etats. Mais, de quels accords s'agissait-il ? Personne ne pouvait attester l'existence de tels accords. Aucun accord n'aurait pu autoriser une telle situation, une telle aberration car tout accord est un rapprochement, un équilibre des intérêts des parties.

Le Député Lol Mahamat Choua, ex-président de la République et habitant au quartier Klemat, quotidiennement dérangé par le bruit des avions français, se fit le porte-parole et porta l'écho de la plainte légitime à la tribune de l'Assemblée Nationale. Une intervention amplement soutenue par les députés de différents partis politiques.

Par la suite, profitant de l'interpellation du Premier Ministre Docteur Haroun Kabadi, j'ai posé les questions intitulées sous :

Questions d'interpellation du Député Ahmat Saleh Bodoumi au Premier Ministre, Chef du Gouvernement.

1ère Question :

Le Tchad est indépendant depuis le 11 août 1960, avec une superficie de 1.284.000 kilomètres carrés. Ce territoire a cessé d'être une colonie française. Il n'est plus une possession française.

Paradoxalement, nous apprenons que la France détient la propriété d'un certain nombre d'édifices publics, sinon de tous les édifices publics de la ville de N'Djamena. Nous citons entre autres l'Aéroport International de N'Djamena, le camp des martyrs, la Gendarmerie Nationale, la place de l'Indépendance, les villas au quartier Béguinage, Djambal-bahr, le Musée National... tout N'Djamena administratif appartient à la France !

Est-ce que, à travers cette réclamation, l'indépendance accordée a été partielle ? Est-ce qu'en d'autres termes, les édifices réclamés restent le territoire d'une colonie française dans cette superficie de 1.284.000 kilomètres carrés ? Est-ce que c'est une remise en cause de l'indépendance accordée par le pays colonisateur ?

Nous apprenons par ailleurs, des discutions au niveau paritaire entre la France et le Tchad. Quelle est l'approche de ces discussions sur cette réclamation ? Y a-t-il eu des transactions cédant lesdits édifices à la France par une institution nationale ?

Le Tchadien doit être informé sur les tenants et les aboutissants de cette manière coloniale.

2ème Question :

Ces derniers temps, nous voyons des propriétés clôturées ou non, appartenant à la Libye. Je dis bien des propriétés libyennes. De l'Etat libyen. Et ceci se voit à N'Djamena et dans ses alentours. Que tire l'Etat tchadien en cédant des propriétés à un Etat tiers ? Les lois tchadiennes ont-elles droit de regard sur ces propriétés des Etats tiers lorsque ces Etats ne sont pas soumis à nos lois ?

3ème Question :

Dans le processus de la privatisation des entreprises publiques, l'Etat tchadien cède des patrimoines fonciers à des acquéreurs, qu'ils soient nationaux ou étrangers. Nous citons en exemple, le cas de la SONASUT (Société Nationale Sucrière du Tchad) avec ses champs de Banda, de Mani, ses villas de Sarh, de N'Djamena et autre espace, important patrimoine de cette Société. Tout ce patrimoine est cédé à SOMDIA, une entreprise étrangère.

Quel est le statut de ces domaines ?

Nous apprenons par ailleurs que la Coton-Tchad n'a pas de preneur parce que les champs de coton sont la propriété des paysans.

Monsieur le Premier Ministre, nous devons dès maintenant, avoir à l'esprit l'exemple du Zimbabwe pour ne pas être contraints de recourir aux méthodes utilisées actuellement par le régime du Président Mugabé.

Merci Monsieur le Premier Ministre.

Ces trois questions posées au Premier Ministre étaient diffusées en direct à la Radio et Télévision Tchadiennes. Le Premier Ministre a promis des réponses une fois informé du fond de ces dossiers "techniques".

L'insistance des plaintes contre le bruit des avions militaires et la mobilisation des citoyens qui aspiraient de plus en plus à la liberté d'expression obligèrent les Autorités Nationales à porter l'affaire devant l'Epervier, la force française basée au Tchad.

L'Armée française répondit tout bonnement qu'elle n'avait pas des comptes à rendre parce qu'elle s'exerçait sur le territoire français.

C'était une bombe qui tombait sur la tête des autorités nationales. C'était au delà de leur entendement : qu'une force étrangère puisse prétendre être la souveraine du territoire national tchadien ! Mais, pour pallier une telle situation méprisante et inacceptable, il fallait agir avec sérénité. Les Tchadiens exigent des preuves pour étayer les affirmations françaises.

En guise de preuve, le gouvernement de la République française présenta des titres fonciers : l'Aéroport International de N'Djamena, les camps militaires, la place de l'indépendance, les Ministères, le Musée National… ont des titres fonciers établis au nom de la République française.

Les autorités tchadiennes étaient perplexes devant des titres fonciers obtenus par la République française après 1960, date de l'indépendance du pays.

Comment les a-t-elle obtenus ? Pour comprendre, il faut remonter l'histoire récente de la République du Tchad.

Le pays était une colonie française. A ce titre, tout le bien public appartenait à la France. Il était établi au nom de l'Etat colon. Ainsi, musée, camps, aéroport... étaient les biens de la République française à travers sa colonie tchadienne. C'était la même chose pour les biens de l'Afrique Equatoriale Française (AEF) qui était l'autorité supérieure de ces colonies.

En 1958, les colonies membres de l'Afrique Equatoriale Française deviennent des Républiques, puis indépendantes en 1960.

Chaque nouvelle République proclamée héritait d'une colonie : la population, le territoire et les biens de la colonie. Les biens communs, c'est-à-dire, les biens de l'Afrique Equatoriale Française étaient répartis entre les nouveaux Etats indépendants, issus de ces colonies.

La France n'osa pas réclamer aux Africains qui se libéraient du joug colonial, une part des maigres réalisations, fruits du travail forcé et du pillage en tout genre.

Le Tchad à son indépendance a hérité d'une population, d'un territoire dont la superficie est de 1.284.000 kilomètres carrés et des édifices publics. Il a également obtenu sa part dans les biens de l'Afrique Equatoriale Française ; l'actuelle Ambassade du Tchad en France sise à Paris en fait partie.

Des parts lui étaient revenues dans les actions des sociétés publiques d'alors. Il suffit de faire des recherches pour savoir à qui profitent ces titres.

A l'indépendance en 1960, comme la France n'avait plus rien au Tchad, il avait fallu gérer le séjour des coopérants et des entreprises de recherche par la signature de quelques accords. Ces accords signés existent : ils traitaient de l'usage temporaire de certains édifices par des coopérants français dont la présence était jugée utile.

Pendant la période de l'indépendance, la France n'avait fait valoir aucun titre de propriété.

Mais d'où viennent tous ces titres fonciers établis au nom de la France et brandis par elle ? Quand ont-ils été délivrés et par qui ?

Il faut rappeler que les services du cadastre et des domaines au Tchad étaient tenus par les anciens colons français transformés en coopérants techniques. Ils ont géré le foncier jusqu'en 1972.

Pendant les moments de mésentente entre les Autorités françaises et tchadiennes d'alors, ces coopérants ont fabriqués des titres fonciers pour tout domaine public qui portait le nom de la France. C'est-à-dire, tout édifice ou domaines publics existant avant l'indépendance. C'est ainsi qu'ils ont fait les titres fonciers de l'Aéroport, de la place de l'indépendance…

Or, les lois de la nouvelle république tchadienne exigeaient avant l'obtention d'un titre foncier que la personne physique ou morale propriétaire devait suivre toute une procédure préalable : entre autres étapes l'attribution du terrain par une commission dont les attributions sont bien définies.

Pour l'attribution d'une partie du Territoire à un Etat tiers (le cas actuel), les lois d'alors comme celles d'aujourd'hui ne prévoyaient aucune autorité compétente en la matière. Seul le peuple, par voie référendaire, pouvait statuer sur le cas. Donc au Tchad, même le Président de la République qui est le garant de la souveraineté nationale ou le Gouvernement qui exécute son programme politique n'ont la compétence de donner une partie du territoire à un Etat tiers.

De connaissance, aucune autorité compétente n'aurait attribué un terrain, un bâtiment ou un domaine à la République française.

Donc, la République française possède au Tchad des titres fonciers des bâtiments, des domaines et des villas mais elle n'a pas les pièces maîtresses qui sont les actes d'attribution des terrains délivrés par des autorités tchadiennes compétentes et respectueuses des procédures.

Les Français avaient attendu le moment propice pour brandir de faux titres fonciers. Ils avaient en face d'eux des plénipotentiaires tchadiens peu fermes et susceptibles de jouer leur jeu.

Ces Tchadiens ont reconnu dans la Convention domaniale

conclue le 04 décembre 2003 entre la France et le Tchad, la propriété française d'une vingtaine de villas et de domaines situés dans la partie la plus huppée de la ville de N'Djamena.

En contrepartie, la France reconnaissait enfin l'appartenance à la République du Tchad de l'Aéroport International de N'Djamena, de la Place de l'Indépendance, du camp des martyrs, de la Gendarmerie Nationale, du Musée National…

C'était une Convention signée par le Ministre tchadien des Affaires Etrangères. C'était une honte. Pourquoi la France humilie-t-elle ainsi le Tchad, en ce moment ? Toutefois, personne ne parla du bruit des jaguars qui pouvaient allégrement indisposer les Tchadiens dans leur quotidien. Etait-ce pour cela ?

La Convention était publiée comme un trophée obtenu par la diplomatie tchadienne qui avait fait plier toute la puissante France en lui faisant reconnaître la propriété tchadienne de nos édifices publics, nos bâtiments et nos domaines… « Le Tchad n'a cédé que quelques villas » disait-on avec emphase.

Au Ministère "victorieux", on ne se demandait pas comment la France avait obtenu notre patrimoine foncier dont elle détenait les titres.

Pour tous ces autres Tchadiens qui suivaient cette délicate et humiliante affaire, il n'était pas question qu'une autorité reconnaisse la paternité de la France ou tout autre pays sur les biens publics des Tchadiens et cela, sans aucune contrepartie. Cette Convention sur la base de la présentation des titres fonciers fabriqués ne pouvaient pas passer à l'Assemblée Nationale pour avoir l'autorisation de sa ratification.

La procédure légale décrite par la Constitution prévoit, après la signature d'une convention avec un Etat tiers, le passage devant l'Assemblée Nationale pour avoir une autorisation votée par les députés réunis en séance plénière. Sinon, la Convention ne peut pas être ratifiée. Une convention non ratifiée est nulle et réputée n'avoir jamais existé.

Par ailleurs, pour une Convention qui touche le territoire national, il faut une autorisation du peuple par voie du référendum.

Des mois après sa signature, la Convention ne venait pas à l'Assemblée Nationale pour la demande d'autorisation de sa ratification. Alors, j'ai usé du droit réservé aux Députés par la Constitution et le Règlement Intérieur de l'Assemblée Nationale : j'ai interpelé le Ministre des Affaires Etrangères par une question orale avec débats. Le Ministre a répondu présent à la séance plénière de l'Assemblée Nationale le vendredi 22 octobre 2004. Une séance bien tardive mais c'était une occasion offerte aux Représentants du peuple de débattre sur le sujet en diffusion directe à la Radio et Télévision Nationales.

Le Ministre, après avoir fait l'éloge de la diplomatie

tchadienne pour avoir amené la France à rétrocéder au Tchad les domaines querellés, il fit la liste des édifices publics dont il a obtenu la reconnaissance française à la paternité tchadienne…

Ensuite, profitant de la tribune solennelle de L'Assemblée Nationale, le Ministre des Affaires Etrangères Nagoum Yamassoum dit que le Député Ahmat Saleh Bodoumi était un anti-français.

Disait-il cela pour m'intimider ? Pensait-il que mon rôle de Député était incompatible avec la défense des intérêts publics du pays ?

Je n'ai pas fait référence à cette assertion dans ce débat quand j'ai repris la parole. Mais, j'ai compris par la suite que c'était un crime de lèse-majesté pour certains cadres tchadiens et il n'était pas possible de travailler dans l'Administration tchadienne avec cette étiquette.

Cette affirmation du Ministre m'édifia au moins sur une chose : parmi les cadres tchadiens, il y a des pro-pays X : bien que ces cadres défendent les intérêts du Tchad, ils ne s'opposent pas aux intérêts du pays X.

Il y a trop de pro-français dans l'Administration publique tchadienne. Il arrive parfois dans des négociations inter-états, que des cadres français qui défendent uniquement les intérêts de la France, se retrouvent en face des Tchadiens pro-français qui défendent les intérêts du Tchad mais qui ne s'opposent pas à ceux de la France. Comme toute négociation aboutit à un point d'opposition des intérêts, ceux de la France sont doublement défendus.

Les intérêts du Tchad sont sacrifiés à chaque fois qu'il n'est pas de bon ton de contester les privilèges de l'ancien colon. C'est au fond, de cela qu'il s'est agi dans cette affaire foncière.

Après la lecture des questions orales par le Président de l'Assemblée Nationale, la réponse du Ministre des Affaires Etrangères et ma réaction, quelques Députés trouvèrent des subterfuges pour refuser les débats et les reporter à une date ultérieure.

La raison avancée était qu'il reste une étape pour que la Convention signée soit valide ; que le gouvernement envoie ladite Convention pour avoir une autorisation de ratification par le Président de la République. « Puisque ce projet n'est pas encore parvenu à l'Assemblée Nationale, il est inutile de faire de doubles débats sur des sujets sensationnels. » a-t-on dit.

C'était la motion demandée par le Député Mahamat Bachar Gadaya, un député intelligent et pertinent mais trop attaché à l'ordre établi.

Le Gouvernement n'a pas envoyé à l'Assemblée Nationale le projet de loi portant autorisation de ratification de ladite Convention jusqu'à la fin de la législature.

Au regard de la loi, la Convention reste sans effet comme le Traité[7] Laval-Museveni sur la Bande d'Aouzou.

---

[7] Il s'agit du traité signé par les Gouvernements français et italien par laquelle la

L'Assemblée Nationale, en ajournant les débats, avait évité de débattre de deux questions restées sans réponse :

1- Un Etat tiers peut-il acheter des domaines au Tchad ? Quel serait le statut de tels domaines dès lors que ledit Etat n'est pas soumis aux lois tchadiennes ?

2- Comment la France avait-elle obtenu des titres fonciers qu'elle réclame aujourd'hui en prétendant que ces domaines faisaient partie intégrante du territoire français ? Quelle est ensuite la valeur juridique de ces titres fonciers ?

La Convention est appliquée par les deux Etats sans l'étape du passage à la Représentation Nationale ; la France jouit de la paternité des villas où logent ses représentants sans frais de location ni taxes. Ce qui fait que la République française ne paie rien au trésor public pour le séjour de ses nombreux coopérants.

Le Tchad se réapproprie sans vergogne ses édifices publics.

On peut pour le moment les débaptiser ; ainsi, l'Aéroport International de N'Djamena devient l'Aéroport Hassan Djamouss. Jusqu'à quand allons-nous le laisser pour servir de terrain d'exercice aux avions de chasse français ?

Pourquoi la France accepte-t-elle l'application d'une convention qui n'a pas abouti aux termes de sa ratification ?

France cédait la Bande d'Aouzou à l'Italie. Le Tchad et la Libye se sont disputés la bande. Comme le traité n'a pas été ratifié, il est déclaré nul. Ainsi, le Tchad a gagné le procès en 1994.

Peut-être pour jouir gratuitement des villas en attendant le réveil des Tchadiens.

Puisque les villas et les domaines usurpés sont au Tchad, toutes ces questions restées sans réponses vont ressurgir un jour. A vous Tchadiens d'être à la hauteur de vos responsabilités pour mériter vos droits.

La loi sur la Presse au Tchad

La démocratie étant synonyme de liberté d'expression, le Tchadien parle, écrit et diffuse des informations mais parfois des diffamations et des injures. Des médias étaient créés mais une particularité les caractérisent presque tous : ce sont généralement des organes d'opinion.

Ceux qui ont osé créer des journaux, premiers organes de presse privée au Tchad, étaient des hommes et des femmes politiques ; le média créé dans ces conditions n'avait pas pour première vocation d'informer le public, mais de l'amener à épouser l'opinion du journal. Parmi les précurseurs, il y avait des militants des organisations non-gouvernementales. Ils étaient également des personnes engagées pour telle ou telle cause.

Ainsi, malgré la multitude des médias, rares étaient ceux qui visaient le seul objectif d'informer le Tchadien. De cette manière, l'information était utilisée au Tchad comme une arme qui servait à combattre des adversaires politiques, idéologiques, ethniques, régionaux, culturels, linguistiques etc. Cette situation rendait malsain le champ médiatique du pays. Des attaques ciblées, des plaintes, des jugements et des condamnations étaient fréquents. Des amendes et des emprisonnements des journalistes aussi.

Les premières lois de l'ère démocratique, vieilles de quelques années et votées pendant la période de la transition[8], étaient jugées obsolètes et inadaptées. Certains acteurs les trouvaient anachroniques à notre époque. Ce qui faisait que tous les acteurs étaient unanimes pour procéder à leur révision.

Le pouvoir comme l'opposition politique, les journalistes et les organes de presse, chacun voulait profiter de la révision annoncée pour faire régir des lois en sa faveur.

Le Gouvernement, auteur du projet de loi, voulait protéger les responsables politiques : le Président de la République, les Ministres…

L'expérience avait montré que ces personnalités étaient particulièrement visées par la presse d'obédience d'opposition. Les journalistes émettaient souvent des injures personnalisées qui ne laissaient ni l'honneur ni l'intimité ni l'ethnie ou la famille du Président de la République, d'un Ministre ou d'une autre personnalité ; des journalistes, prêts à se sacrifier pour mériter en récompense l'aura d'une victime expiatoire, s'adonnaient à cœur joie à certains dérapages voulus parfois intolérables souvent orchestrés.

Par cette loi, le Gouvernement voulait instaurer le délit d'injure au Chef de l'Etat. Une disposition qui allait mettre en cause la liberté d'expression, un des grands acquis de la démocratie. Le Gouvernement argumentait sur la nécessité de déclencher une lutte, à travers les dispositions de cette loi, contre les ennemis de la République, contre ceux qui

---

[8] Entre 1993 et 1996.

chercheraient à ternir l'image du Tchad en s'attaquant injustement aux personnalités qui l'incarnent. Lorsque des personnalités allaient être attaquées, le Gouvernement voulait que les contrevenants soient poursuivis en justice par le Pouvoir Public. Pour le Gouvernement, il ne fallait pas que le Président de la République, le garant de la Justice, porte plainte contre un délinquant qui l'a diffamé.

Les journalistes par contre voulaient une liberté d'expression pleine et entière ; une loi sur la base de laquelle aucun journaliste n'aille en prison pour avoir émis une opinion. Ils voulaient vivre dans un pays où la dépénalisation de la presse soit effective.

Les journalistes et le Gouvernement étaient d'accords sur un point : que les crimes de presse soient punis. Entre dans le domaine de crime de presse, toute propagande qui sert à mobiliser une catégorie de Tchadiens contre une autre dans le but de provoquer des haines communautaires, religieuses, ethniques, régionales etc.

Les délits de diffamation sont des contre-vérités diffusées ou écrites contre des personnes physiques ou morales. Ces contre-vérités, ces mensonges peuvent ternir l'honneur et l'intégrité de la personne visée. Ils peuvent agir contre ses intérêts économiques, ses activités commerciales, politiques etc.

En ma qualité de Rapporteur de la Commission permanente à l'Assemblée Nationale, chargée de la Communication, Droits fondamentaux et Libertés, j'ai eu le privilège d'écouter les différentes catégories des hommes et des femmes de la presse : ceux qui représentaient la presse écrite et audiovisuelle, dans toutes leurs corporations ainsi que les associations et les syndicats (UJT, URPT, AEPT, ODEMET); le collectif des Droits de l'Homme, les organes de supervision tel que le Haut Conseil de Communication (H.C.C), les juges et les avocats, les anciens journalistes, les anciens ministres de Communication, des chefs d'entreprises de presse, ainsi que le Ministre de la Communication et son staff.

Ce tour exhaustif d'horizon m'avait permis de comprendre les enjeux liés à la presse ainsi que les objectifs des uns et des autres ; les difficultés liées à la gestion de la presse et les risques liés à ses dérapages.

Si le droit positif ne couvre pas les délits, qu'ils soient de presse ou pas, les Tchadiens répondront d'une manière ou d'une autre aux délinquants. Nul n'ignore que le Tchad est un pays où la vengeance, les vendettas et autres crimes liés à certains us et coutumes ont cours là où le pouvoir public se montre absent.

Si nous laissons les journalistes jouir d'une liberté totale et entière, surtout celle d'injurier des personnes physiques ou morales, ils auront affaire aux particuliers lésés. Les mis en cause, s'ils savent qu'ils ne trouveront pas de protection légale, vont s'en prendre aux journalistes ou à la maison de presse qui permet à ces derniers de diffuser des mensonges. Ce sera une situation de jungle où les citoyens vont se battre devant la force publique démobilisée. Une telle situation n'est ni favorable aux personnes diffamées ni aux journalistes.

Cependant, mettre en prison un journaliste pour un délit d'opinion dans un pays dont les droits d'expression et d'opinion sont garantis par la Constitution ne se justifiait pas.

Le journalisme est l'une des professions les plus protégées au monde par des organisations internationales de journalistes. Celles-ci veillent sur les dérapages subits par les journalistes de par le monde. Chaque année, elles classent les pays du monde sur l'échelle de contraintes subies par les hommes de la presse.

Pour un journaliste mis en prison à cause d'un délit de presse, le pays risque de figurer sur la liste des parias. Le Tchadien risque pour ce fait de perdre à cause de son appartenance à la citoyenneté tchadienne, la place qui devrait lui revenir en termes de respect dans le concert des nations. Aucun Tchadien ne veut voir son pays dans la liste des parias irrespectueux des droits d'expression et d'opinion.

Ma qualité de rapporteur m'avait permis de contre-proposer au Ministre en charge de la Communication pour que le Gouvernement ne revienne plus sur la dépénalisation.

Mais, que faire pour que la loi qui dépénalise les délits de presse protège le citoyen ? Puisque les journalistes vont commettre des délits de presse, une fois la loi votée, car les organes de régulation n'ont pas de moyens coercitifs pour empêcher les dérapages, que faut-il faire ? Faut-il prévoir de fortes amendes ? Et, si le journaliste ne s'acquitte pas des amendes mais récidive, que va faire le juge ? La dépénalisation lui interdit de mettre le délinquant récidiviste en prison.

L'expérience montre que dans la plupart de cas des diffamations faites par les journalistes contre des personnes physiques ou morales, il y a derrière l'affaire, quelqu'un qui organise ou qui profite de la manipulation ; un concurrent politique, économique... un concurrent prêt à s'acquitter des amendes si la diffamation atteint drastiquement les intérêts de son ennemi.

Pour répondre à toutes ces questions dans la loi sur la presse, deux soucis majeurs s'imposent :

1- Le citoyen doit être protégé contre les délits de presse qui touchent son honneur et ses intérêts ;
2- Le journaliste tchadien doit bénéficier de la dépénalisation des délits de presse. Il ne doit pas être mis en prison pour son opinion sur un particulier, une personne morale ou physique ; que son opinion soit vraie ou fausse.

Pour concilier ces deux valeurs d'apparence antinomiques dans la même loi, il faut faire agir le troisième intervenant dans la diffusion de l'information : l'organe de presse.

C'est une entreprise. Elle a des charges. Elle est solvable. Elle gagne son affaire dans la publication et la vente des produits. Ces activités doivent préoccuper tout entrepreneur.

Le juge peut amender l'entreprise si elle servait de moyen de diffusion des injures, des diffamations et des mensonges. Si elle s'entête à récidiver dans la diffusion des mensonges, le juge peut lui retirer temporairement son autorisation de publication. A la limite du tolérable, il peut la fermer définitivement.

C'était une loi dont le rapport n'agréait pas le Gouvernement. Car, il ne répondait pas à ses sollicitations : la protection particulière des autorités publiques telles que le Président de la République... Ces Autorités sont obligées de porter plainte si elles se sentent lésées par un journaliste. La force publique ne doit pas agir pour la protection de leur personne privée.

Nous avons opposé à la position du Gouvernement quelques principes qui sont rédigés dans le rapport de la commission sous l'appellation d'observations. Ces principes sont :

- ✓ Pour la démocratie tchadienne, la Commission préfère un chef d'Etat citoyen qui agit lui-même devant les juridictions contre les délinquants de la presse qui lui portent atteinte, qu'un chef d'Etat tabou qui fait mouvoir la force publique pour protéger sa personne privée ;
- ✓ Compte tenu de l'importance de la liberté de la presse qui est l'un des grands acquis de notre

démocratie, il n'est pas nécessaire d'envoyer en prison un journaliste pour délit de diffamation ou d'injure (délit de presse). Que l'entreprise de presse incriminée paie des amendes ou se soumette à des suspensions de parution. Une raison de plus pour que les entreprises de presse veillent sur le respect de la déontologie par leurs employés. La presse ne doit pas servir d'outil de règlement des comptes.

✓ Que les crimes de presse soient punis comme tout autre crime ;

✓ La procédure d'agir contre le délinquant doit être la même pour que le citoyen ne soit pas désorienté par un dépôt préalable au Haut Conseil de la Communication (HCC) qui n'a aucun rôle dans le traitement judiciaire des plaintes ;

✓ Que la délivrance de la carte d'identité d'un professionnel de la presse soit une affaire du Gouvernement ; la délivrance de la carte qui donne le droit à l'accès illimité aux détenteurs, regarde la sécurité du pays. Pour éviter des abus du Gouvernement, l'avis du Haut Conseil de la Communication reste nécessaire.

Ces principes découlaient d'un certain nombre de points dans le projet de loi qui étaient l'objet des discussions. Il s'agit de :

- L'offense au chef de l'Etat ;
- L'emprisonnement pour délit de presse (injure ou diffamation) ;

- La procédure de saisine des juridictions ;
- Les peines prévues pour les crimes de presse ;
- La carte professionnelle et sa délivrance ;
- L'exigence d'un professionnel dans la direction des médias ;
- La gestion de l'aide à la presse ;
- La suspension de parution comme peine supplémentaire.

Ce rapport n'agréait pas non plus les journalistes qui auront prochainement affaire à leurs employeurs, les entreprises de presse qui allaient réparer les dommages causés par les délits de presse publiés par leur canal.

Les entreprises de presse n'agréaient pas non plus le rapport qui les rendait responsables des informations des journalistes qu'elles emploient.

C'était un paradoxe que les députés aient adopté ce rapport contre la position du Gouvernement et des groupes parlementaires, contre l'avis des journalistes, contre l'avis des organes de presse ; l'adoption du rapport vaut celle de la loi.

Si la révision de cette loi n'était pas le premier point des recommandations du congrès tenu en octobre 2012, du Mouvement Patriotique du Salut (MPS), parti au pouvoir et majoritaire à l'Assemblée Nationale, je n'aurais pas évoqué ladite loi, dans ce livre qui parle des inachevés de la législature.

Certes, cette loi est perfectible. Mais, je veux que les Tchadiens sachent les risques qu'ils feraient subir à notre pays si les aspects qui ont fait l'objet de notre génie pour fondre ce rapport et qui ont permis aux députés de voter une loi complexe et sensible, ne seraient pas pris en compte.

A vous d'œuvrer pour l'intérêt supérieur de notre pays. On peut toujours tricher ou détourner tout un système mais c'est au pays et au peuple de payer les conséquences.

Du meme auteur

- *La Victoire des Révoltés, Témoignage d'un enfant* ; Edition Al-Mouna Mai ; 2010

- *Zugula Tirkaa, Yôa ada na ngimire* ; Edition Al-Mouna 2011

- *Voyages et conversations en pays toubou* ; Editions Al-Mouna - Harmattan 2012, traduit de langue dazaga par l'auteur.

- *La vie du singe et le mariage de Kéilé* ; Yagabi 2013

- *La vie tourmentée* ; Yagabi 2013

- *La Victoire des Révoltés, Témoignage d'un enfant soldat;* Yagabi 2013

E-mail: bodoumi@hotmail.com

tel: (00235) 66 26 86 79